LES ÉDITIONS DES INTOUCHABLES
5, rue Sainte-Ursule
Québec, Québec
G1R 4C7
Téléphone: 418 692-0377
Télécopieur: 418 692-0605
www.lesintouchables.com

DISTRIBUTION: PROLOGUE
1650, boul. Lionel-Bertrand
Boisbriand (Québec)
J7H 1N7
Téléphone: 450 434-0306
Télécopieur: 450 434-2627

Impression: Imprimerie Marquis Inc.
Conception graphique: Paul Brunet
Photographies (couverture et intérieur): Daniel Cyr
Correction: Marie-Claude Masse

Les Éditions des Intouchables bénéficient du soutien
financier du gouvernement du Québec — Programme de
crédit d'impôt pour l'édition de livres — Gestion SODEC
et sont inscrites au Programme de subvention globale du
Conseil des Arts du Canada.

Nous reconnaissons l'aide financière du gouvernement
du Canada par l'entremise du Programme d'aide au
développement de l'industrie de l'édition (PADIÉ) pour
nos activités d'édition.

Société
de développement
des entreprises
culturelles
Québec

Conseil des Arts   Canada Council
du Canada   for the Arts

Dépôt légal: 2015
Bibliothèque et Archives nationales du Québec
Bibliothèque et Archives Canada

ISBN: 978-2-89549-731-8
      978-2-89549-732-5 (ePUB)

Nathalie Simard
Les chemins de ma liberté

Nathalie Simard

Les CHEMINS de ma LIBERTÉ

LES **I**NTOUCHABLES

INTRODUCTION

Août 2014. J'ai décidé de reprendre la parole. Dix ans se sont écoulés depuis que j'ai brisé le silence et que le livre, écrit par Michel Vastel, a été publié. Deux cents ou trois cent mille exemplaires ont été vendus, je ne sais plus très bien. Je n'ai jamais été bonne avec les chiffres. Mais une chose est certaine, une grande partie du Québec a appris, avec le livre et les entrevues télévisées qui ont suivi, ce qu'un pédophile sans vergogne et jusque-là fort respecté du public avait fait à une idole de la télévision pour enfants pendant de longues années.

Cette idole qui représentait l'enfance et l'innocence n'était pas tout à fait celle que l'on voyait à la télévision. Elle avait une double vie. En coulisse, son gérant la manipulait, violait sa pureté et son innocence en exigeant le plus grand silence, l'agressait en secret, la forçait à faire des choses qu'une enfant ne fait pas, sans que le public et les centaines de milliers de fans le sachent. Elle portait un lourd secret, cette enfant, quelque chose de honteux et d'inavouable lorsqu'on n'a que neuf ans. Ce secret inoubliable, cette enfant, cette adolescente, cette jeune femme l'a gardé en elle pendant près de vingt-cinq ans. Derrière le sourire de la petite Nathalie, il y avait un immense vide, un trou noir dans lequel elle risquait à tout moment de tomber.

J'habite maintenant, depuis quelques mois seulement, près de Shawinigan, dans une érablière, au beau milieu de la nature. L'érablière a été inaugurée au printemps 2015. Depuis 2005, j'ai déménagé des dizaines de fois et on a pu suivre, à l'occasion, les traces de mes déboires amoureux et financiers dans les médias sensationnalistes. Jusqu'à tout récemment, j'habitais avec ma fille et mon chum chez des amis, je squattais littéralement leur maison et nous dormions sur des matelas posés à même le sol. À quarante-cinq ans, je n'avais pas de chez-moi et je vivais dans mes valises, perdant un peu plus de mes maigres biens et de mon histoire à chaque nouveau déménagement. J'étais un modèle d'instabilité et c'était catastrophique, pour moi comme pour ma fille. Ce fut une longue débarque, une dérive qui dura dix ans. Je commence à peine à voir la lumière au bout du tunnel. Je reprends maintenant goût à la vie.

Pour me reprendre en main, retrouver la forme et la santé, perdre du poids et me sentir bien dans ma peau, j'ai décidé d'arrêter de fumer, de suivre un entraînement intensif de Zumba et de m'astreindre à un régime alimentaire strict, grâce à l'aide de la docteure en nutrition Isabelle Huot. J'ai longtemps pris des antidépresseurs pour m'aider à me sortir de ma dépression, mais qui m'ont fait faire de l'embonpoint. Mon corps souffre et cela n'aide pas nécessairement à ma santé mentale. Je veux me sortir de ce cercle vicieux, et c'est pourquoi les conseils d'Isabelle Huot me sont précieux. Elle m'a fait comprendre que tout est une question d'équilibre. Il ne s'agit pas d'éliminer tous les gras et de manger sans limite des fruits et des légumes. Il faut respecter une certaine quantité, même en ce qui a trait aux aliments sains. Comme j'ai un métabolisme lent, je consomme six petits repas par jour de façon à être toujours rassasiée, ce qui m'éloigne de toute goinfrerie.

L'écriture de ce livre fait également partie de cette nouvelle thérapie. Un tel exercice me permettra, je l'espère, d'y voir plus clair et de me défaire de certaines zones d'ombre qui subsistent depuis trop longtemps. Ce sera une nouvelle manière de regarder en avant en examinant le chemin parcouru. Mais je veux aussi refaire le portrait qu'on a fait d'une femme qui ne me ressemble pas beaucoup. On a tellement dit de choses sur moi… Des centaines d'articles ont été écrits sur la petite Nathalie, et dans lesquels je ne me reconnais pas, me décrivant comme une menteuse, une voleuse, une opportuniste, une profiteuse, une *has been*. Je tiens donc à rétablir certains faits marquants. Cela est d'autant plus urgent que je sais que mon agresseur a approché différents éditeurs pour publier sa version des faits.

Cet homme m'a volé mon innocence, mon enfance, ma virginité. Il m'a volé jusqu'à ma vie privée, à tel point que je n'arrivais même plus à sortir dans la rue pour y faire les achats de tous les jours, de peur de me faire pointer du doigt. J'ai terriblement souffert et j'étais désemparée, avec peu de ressources pour m'en sortir.

Je sais que je dois me protéger en écrivant ce livre de ma vie. Je veux que ce livre soit porteur d'espoir, qu'il soit un livre d'amour et non de vengeance.

Ce livre va définir par où je suis passée pour en arriver où j'en suis aujourd'hui. Je veux que cet ouvrage livre un message positif. J'ai vécu beaucoup d'injustices, on m'a fait de nombreux procès et les juges n'étaient pas toujours impartiaux. Les journaux ont participé à mon lynchage sur la place publique. Ma dénonciation de la pédophilie dérangeait de toute évidence. Lorsque j'ai commencé ce processus de dénonciation, je me suis vite rendu compte que je n'étais pas seule, que les victimes étaient nombreuses. Je suis une femme et une mère de famille. Je me considère comme un être d'amour et je veux faire partager mes expériences, pour livrer le témoignage d'une femme qui s'est tenue debout. Je n'ai jamais compris pourquoi on a été si dur avec moi. Même aujourd'hui, je ne m'explique pas cette méchanceté gratuite. C'était comme si on me disait : « Arrête, Nathalie, de dénoncer les pédophiles et les pervers, tais-toi, garde le silence, sinon tu vas te faire mal ». C'est pourquoi ce livre est un véritable défi, et la preuve que j'ai réussi à conjurer la peur.

J'ajoute que si je n'avais pas été entourée de bonnes personnes, je ne serais pas ici, en ce moment, à raconter une tranche de ma vie, et à ma façon.

Première partie
UN RAPPEL NÉCESSAIRE

Vers l'âge de cinq ans, j'ai « perdu » mon père. Mon frère René, sous les recommandations pressantes de son imprésario, le chassa de la maison familiale de Sainte-Pétronille, à l'île d'Orléans. Je ne connaissais pas les vraies raisons, j'étais sans doute trop jeune pour comprendre ce qui se passait, mais sa disparition a créé un grand vide dans ma jeune vie. Notre famille était pourtant très unie. En 1972, alors que j'avais à peine trois ans, René, Régis et moi avions été choisis pour faire une publicité pour la compagnie Laura Secord. *« Qu'est-ce qui fait donc chanter les p'tits Simard? C'est les p'tits poudings Laura Secord. »*

Je sais que mon frère, le nouveau riche, était influent. Il m'arrivait souvent de réclamer mon père, mais on me répondait qu'il valait mieux l'oublier. Quelque temps plus tard, mon frère René partit vivre dans une maison à Saint-Hilaire, son « château », comme j'appelais sa résidence. Puis, toute la famille y déménagea. À cette époque, on s'occupait beaucoup de moi et de René, avec qui je m'entendais à merveille, et il me comblait de cadeaux.

Je n'avais pas encore dix ans lorsque Guy Cloutier me proposa de chanter avec René. Cet homme, qui venait fréquemment à la maison pour y chercher mon frère René, dont il était le gérant, je le craignais terriblement, peut-être parce qu'il me semblait autoritaire et tellement différent de mon père. Malgré la peur qu'il m'inspirait, j'étais tout de même en confiance parce que j'étais en compagnie de mon frère. J'enregistrai donc avec René un 45 tours avec la chanson *Tous les enfants du monde* pour l'UNICEF, qui célébrait, en 1979, l'Année internationale de l'enfant. Ce début en chanson fut extraordinaire et la chanson connut un grand succès. Elle atteignit le sommet des palmarès. Ma carrière était lancée, pour le meilleur et surtout pour le pire. Ce succès fit de l'ombre à mes autres frères qui, eux aussi, avaient beaucoup de talent pour la chanson et la musique, mais le parrain, Guy Cloutier, en avait décidé autrement. Depuis plusieurs années, il avait arrêté son choix sur René, dont la carrière avait atteint des sommets inégalés dans le showbiz québécois, puis c'était maintenant moi qui devenais sa nouvelle protégée.

Mon frère René, lui, avait dix-huit ans et sa carrière avait commencé plusieurs années auparavant. Pour le disque de l'UNICEF, Guy Cloutier avait eu une idée « géniale », selon ses dires. En fait, il appelait cela sa « gimmick ». Il m'avait imposé la même coiffure « petit page » que celle de mon frère, à tel point que le public, qui ne voyait que nos deux visages, nous confondait joyeusement.

Le « p'tit Simard » avait maintenant une sœur, une « p'tite Simard », son double, son sosie. Et ça fonctionnait au-delà de toute espérance. La machine à faire de l'argent se mit en marche et atteignit rapidement sa vitesse de croisière.

Guy Cloutier en profita pour réunir le conseil de famille et pour nommer un tuteur à la mineure que j'étais. Mon père était bien évidemment absent de ce conseil auquel participaient, outre ma mère et mon frère René, trois personnes appartenant au bureau de Guy Cloutier. René fut désigné pour assurer ce tutorat. J'avais dix ans et demi.

Avec le succès de la chanson *Tous les enfants du monde*, s'amorça une tournée internationale aux États-Unis. Je fus invitée à accompagner mon frère à Disney World, en Floride, et à Disneyland, en Californie, pour interpréter cette chanson, tout cela entrecoupé d'émissions de télévision. Il est évident que je vivais un rêve parce que je me retrouvais en compagnie de Mickey et Minnie, mais malgré tout, j'avais le trac. C'était beaucoup pour la petite fille que j'étais. Personne ne m'avait préparée à cette carrière qui s'ouvrait devant moi de façon fulgurante. Auparavant, notre famille tricotée serrée chantait, on nous invitait lors de chorales ou de fêtes paroissiales, nous nous serrions les coudes, et nous le faisions par passion. Maintenant, tout me tombait d'en haut, des mains du parrain qui installait ses pions petit à petit.

Guy Cloutier avait senti la bonne affaire avec moi. Pour avoir du pif, il en avait à revendre. Sans tarder, il me fit enregistrer un nouveau 45 tours, mais cette fois sans mon frère. La chanson *Une glace au soleil*, qui commençait par «*Si tu m'offres une glace à la vanille / Je serai, je serai gentille*», et que des milliers d'enfants ont fredonnée, fut un succès instantané. Ce fut le début de ma carrière solo. Petit à petit, le public commençait à distinguer l'une et l'autre. Je devais m'astreindre à une certaine gymnastique sur le plan de la mémoire, car mon répertoire commençait à augmenter et il n'y avait guère de temps pour de longues pratiques. Tout allait vite, trop vite. Même plus le temps de rêver.

Je ne savais jamais ce que j'allais faire le lendemain. Guy Cloutier décidait des chansons, sans me demander mon avis. Il voyait à tout. Mon look, mes vêtements, mon répertoire, mon emploi du temps. Il m'indiquait même les pas de danse que je devais effectuer. Moi, je n'avais rien à dire, je devais obéir sans rouspéter. Dans tout ce brouhaha, j'avais de moins en moins le temps de fréquenter l'école et mes amies d'enfance allaient s'éloigner toujours un peu plus de moi. Ma vie de petite fille foutait le camp. Ce temps ne reviendrait jamais. Mais cela lui importait peu, car mon éducation était bien le dernier de ses soucis. Ce qui comptait, c'était que les spectacles se vendent et fassent salle comble. Que les disques s'écoulent par milliers. Qu'on m'invite le plus souvent à la télévision. Qu'on publie un reportage sur moi dans des magazines de vedettes où il avait ses entrées. Lui, il encaissait les revenus, sans me rendre de comptes, et je devais quémander quelques pièces de monnaie ou quelques dollars pour m'acheter des friandises ou aller au cinéma, toujours avec sa permission et ses chaperons.

Ma carrière avait commencé sur les chapeaux de roue, tout le monde l'admettait, mais personne ne se préoccupait de ma santé. Je menais une vie d'adulte alors que je n'avais que onze ans. Pour mes parents, j'étais une petite fille modèle. Ils me pensaient entre bonnes mains et ils n'avaient pas à craindre que je sois contaminée par le fléau de la drogue comme les autres jeunes de mon âge, disaient-ils. «Quand je vois toutes les petites filles de son âge aux prises avec des problèmes de drogue, je me considère chanceux d'avoir une fille comme elle», confiait mon père à un journaliste qui l'interviewait. Ma mère n'en pensait pas moins.

Comme j'aurais aimé me confier à ma mère, lui parler de ce que je vivais de terrible, lui révéler ces secrets horribles, mais à cet âge, j'étais tenaillée par la honte et la peur. Une petite fille modèle n'a pas le droit de vivre l'horreur, une petite fille modèle doit garder le silence et faire comme si de rien n'était, pour être à la hauteur de ce que les adultes attendent d'elle. Une petite fille modèle à qui le monstre a appris à le branler en bougeant ma main «comme ça», à lui sucer le pénis «bien profond, comme ça, comme si c'était un popsicle», à entrouvrir mes jambes pour qu'il puisse glisser son doigt au plus profond. Avec lui, c'était bar ouvert, il pouvait se servir quand bon lui semblait et où il voulait. C'est ce même monstre qui, vingt-cinq ans plus tard, a baissé la tête et s'est dit repentant devant le juge.

Loin de m'avoir apprivoisée, Guy Cloutier m'a toujours fait aussi peur, avec ses colères appréhendées et son langage de bûcheron, car je n'étais jamais à la hauteur de ses attentes. Toujours trop ci ou pas assez ça. Sans parler de ses incursions dans ma vie privée, dans mon intimité. Nous partions souvent pour des tournées qui pouvaient durer plusieurs jours. Moi, les hôtels, je ne trouvais pas cela exotique ni excitant, bien au contraire. Cela signifiait non pas des vacances, mais toujours du travail, de longues heures de travail exténuant, en dehors de ma zone de confort. Cela signifiait de manger à n'importe quelle heure et de me coucher à des heures impossibles. Impossibles pour une fille de onze, douze ou treize ans. Cela signifiait aussi, tôt ou tard, me retrouver seule avec lui. Un véritable supplice. J'avais peur. À chaque nouvelle tournée, le décor changeait. Je n'arrivais jamais à m'adapter, tout était à recommencer chaque fois. D'ailleurs, même en dehors des tournées, je n'avais pas vraiment de chez-moi, puisque Guy Cloutier avait convaincu ma mère que ce serait mieux que je dorme chez lui lorsque j'étais dans une phase active de travail. Pas bête, Guy Cloutier. Il réussissait toujours à embobiner qui il voulait. Avec lui, il n'y avait pas vraiment de temps mort.

D'ailleurs, je n'avais presque pas d'amies, d'amies de l'école ou d'amies voisines. Si je voulais sortir pour me distraire un peu, je devais demander l'autorisation non pas à mes parents, mais au « bureau de Guy Cloutier ». Tout cela était tellement compliqué que bien souvent je préférais demeurer à la maison. Si on m'accordait la permission d'aller au cinéma avec une amie, par exemple, il fallait que je donne au « bureau de censure » l'heure de mon départ et de mon retour, l'adresse du cinéma et le titre du film que j'allais voir. Chaque fois, des « anges gardiens » se pointaient au lieu dit pour me surveiller et me « protéger ». De qui ? De quoi ?

J'étais contrôlée en tout temps. Même mon look était maîtrisé. Je devais absolument ressembler à mon frère René. C'était l'image que Guy Cloutier m'avait créée. Interdiction totale de me couper les cheveux. Je devais sans cesse contrôler mon poids, surveiller ce que je mangeais, car il me faisait toujours sentir que j'étais trop ronde, trop grosse. Je souffrais de boulimie. Et souvent, après le repas, je me dirigeais discrètement aux toilettes pour vomir ce que je venais de manger, avec un doigt dans la bouche. J'ai d'ailleurs commencé à suivre un premier régime pour perdre du poids dès l'adolescence. On en avait même parlé dans un magazine, avec ma photo en première page, et Guy Cloutier m'avait appelée, en pleine nuit, pour m'engueuler. « T'es grosse ! » avait-il éructé, car il était saoul, cela s'entendait. Et quand il était ivre, il devenait grossier et violent. Une autre fois, il m'avait dit que de dos, je ressemblais à Ginette Reno. Pour lui, c'était l'insulte suprême. Et pour Ginette?

Pendant des années, je me promènerai ainsi d'une ville à l'autre, d'un centre commercial à un autre, d'un studio à un autre. J'étais une sorte de chanteuse automate, quelques années après que Plamondon ait écrit les paroles de la *Complainte de la serveuse automate*: «*J'ai jamais rêvé d'être une star / J'ai seulement envie d'être moi.*» À moins que ce ne soit lui, Guy Cloutier, qui était l'automate, qui répétait tout le temps les mêmes agressions, les mêmes abus, les mêmes humiliations dès qu'il en avait l'occasion?

***

Malmenée et violentée dès l'âge de neuf ans par mon agent, j'ai eu une carrière artistique marquée par les plus grandes joies, mais aussi par les plus grandes frayeurs. J'ai dû pendant plus de vingt ans garder le silence sur les multiples agressions de Guy Cloutier, l'imprésario le plus connu en ville. C'était l'envers de la médaille, mais aussi un véritable enfer. Ma voix, mon corps, mes désirs ne m'appartenaient plus. Je me sentais souillée à jamais. Aucune douche, aucune savonnette ne parviendraient à laver ces blessures profondes, aucune lessive ne redonnerait les couleurs originelles à ces robes qu'il m'achetait et que je devais porter pour satisfaire ses désirs morbides.

Je ne connaissais rien à l'amour, rien à l'amitié, rien à la vie d'une petite fille normale, rien à la vie familiale non plus. D'aussi loin que je me souvienne, je me cachais dans la maison familiale lorsque Guy Cloutier y mettait les pieds. Je le craignais, mais je n'avais pas le droit de le montrer, c'était mal vu. Il était le bienfaiteur, le sauveur, celui par qui l'argent et le prestige arrivaient. Il avait fait de mon frère René un héros, il s'était promis de faire la même chose avec moi, une héroïne, en fonction trois cent soixante-cinq jours par année. Il allait faire de moi sa chose. Ou sa vache à lait, comme on l'a répété à maintes reprises dans le milieu. À quinze ans, j'avais déjà enregistré dix microsillons, qui s'étaient vendus à des centaines de milliers d'exemplaires.

Si je ne connaissais rien à l'amour et à l'amitié, je connaissais tout de la honte et du poids du mensonge qu'on porte en soi comme un trop lourd fardeau, comme lorsqu'on franchit le mur de l'interdit et qu'il n'y a plus de possibilité de revenir en arrière. Lorsqu'on a dix ou onze ans, les interdits sont souvent des jeux d'enfants anodins, innocents, sans conséquence ; un baiser furtif, un toucher, un regard indiscret. Mais l'interdit que mon gérant m'avait forcée à franchir, ce jour-là et tous les autres, mettait définitivement fin à l'innocence de l'enfance. J'imaginais être la seule enfant du monde à vivre une telle agression.

Il n'y avait plus de jeux pour moi, aucun lieu où me réfugier, où me mettre à l'abri de ses assauts répétés. J'étais devenue une autre, méconnaissable pour qui se donnait la peine de scruter le fin fond de mon âme, mais personne ne s'en souciait, car je n'étais qu'un produit avec un emballage identifiable, toujours le même : une robe de petite fille docile et aimable, même à l'aube de mes dix-huit ans. Ce qui importait, c'était l'apparence. On me privait de tout contact avec l'extérieur, dont celui avec mon public et mes collègues artistes. Je devais demeurer *incommunicado*, dans ma tour d'ivoire. Aucun contact avec mon fan-club qui a compté jusqu'à cinquante mille membres, dont chacun devait débourser dix dollars pour recevoir une photo de moi autographiée. Mon fan-club était administré par le neveu de Guy Cloutier, le spécialiste des signatures en tout genre. Il me faisait signer mon nom de différentes façons, en lettres minuscules et en lettres majuscules, en lettres détachées et en lettres attachées, sur une ligne ou sur deux lignes, en plus petit ou en plus gros. À quoi servaient ces signatures ? À des contrats ? À des chèques ? À des documents dont je ne voyais pas la couleur et ne connaissais pas la teneur ? Je n'ai jamais eu de réponses à mes questions.

Lorsqu'il s'agissait d'avoir de bonnes idées payantes, Guy Cloutier n'avait pas son pareil. Il a eu la bonne idée de lancer une collection de vête-ments *made in* Québec, avec mes initiales, N 𝄞 S. Bien sûr, Guy Cloutier enroba le tout d'une soi-disant mission pour aider l'industrie du vêtement au Québec, qui souffrait de la concurrence étrangère. Il s'enrichissait tout en faisant une bonne œuvre. Toutes les petites filles voulaient être vêtues « comme Nathalie ». Quant aux coiffeuses, j'imagine qu'elles ont dû, elles aussi, être fort occupées à coiffer les petites filles « comme Nathalie »... J'avais alors quatorze ans et j'étais passée de *La danse des canards*, un succès des plus populaire mais qui projetait encore de moi une image de petite fille un peu cabotine, à une chanson plus sérieuse de Jean-Pierre Ferland, *C'est à quatorze ans que la vie commence*. Mais cette embellie ne dura pas et bientôt je fus ramenée à la case départ, avec *Piou piou petit poussin*, *La poupée de sucre* et autres *Maya l'abeille*.

La popularité appelle la popularité. J'étais de plus en plus sollicitée auprès des différents médias. La télévision, la radio, les entrevues dans des magazines spécialisés, les galas... ça n'arrêtait jamais. Et je ne dis pas cela pour me vanter, mais simplement pour souligner que j'étais souvent épuisée, à la fin de ma « journée de travail », de sorte que je n'avais guère l'occasion de profiter des beautés de la vie. De toute façon, les beautés de la vie, c'était un concept tout à fait abstrait pour moi, à l'époque. Je devais toujours quémander des sous pour pouvoir y accéder et ces démarches ajoutaient à mon épuisement. Quant aux grosses dépenses, c'était au conseil de famille — de moins en moins familial, d'ailleurs — qu'il fallait s'en remettre et mon frère René partageait les secrets de mes avoirs avec son comptable, qui était aussi le comptable de Guy Cloutier. J'étais la seule à ne pas savoir.

Cette coupure avec le « vrai monde » m'obligeait à vivre en autarcie, tournée vers l'intérieur, vers mon petit monde. Pas de grande possibilité d'évoluer, d'apprendre, de découvrir dans de telles conditions. Pourtant, ce n'était pas l'envie d'évoluer, d'apprendre de nouvelles choses, de découvrir le monde autour de moi qui manquait. Je ne savais tout simplement pas quand ce conte de fées et d'horreur allait s'arrêter, car je ne contrôlais rien. L'avenir, je ne connaissais pas ce que cela signifiait et j'étais incapable de planifier ni à court ni à long terme.

On m'avait donné d'office une double vie où, d'un côté, je triomphais comme artiste, et de l'autre, j'étais pétrifiée de peur. Mais cette peur, personne ne la ressentait, personne ne la voyait, car elle faisait partie de mon lourd secret. Elle m'emmurait dans un silence que je n'arrivais pas à briser, dans une schizophrénie toxique. J'avais deux personnalités, j'étais double, comme j'avais été, au début de ma carrière, le double de mon frère. Mais avec une seule et même personne qui détenait les clés de mes deux univers.

L'aventure du *Village de Nathalie* a marqué une heureuse parenthèse dans ma vie d'artiste. J'y ai fait la connaissance d'un grand artiste, Jacques Michel, un homme extrêmement sensible, qui était un remarquable professeur de théâtre et de chanson et qui est devenu un ami indispensable.

L'expérience a duré trois ans, de 1985 à 1988, et *Le Village de Nathalie* a été diffusé sur tout le réseau naissant de TVA. Bien sûr, j'y jouais un personnage plus jeune que mon âge réel, mais cette petite fille de dix ans, autour de laquelle gravitait toute une galerie d'acteurs professionnels, dont sept personnages tous plus farfelus les uns que les autres, était délurée et espiègle à souhait. Elle me ressemblait, ou plutôt elle ressemblait à la petite fille que j'aurais aimé être. L'atmosphère me plaisait aussi énormément, grâce à son côté magique.

Je ne connaissais rien ou presque du métier d'actrice. Il fallait que j'apprenne mon texte rapidement, en me rendant à Québec, dans les studios de TVA où avait lieu le tournage de l'émission hebdomadaire pour enfants, puis il me fallait répéter mon texte, en compagnie de Jacques Michel et de sa femme, Ève Déziel. Mais ce fut une expérience enrichissante, qui combla mon besoin d'amour. Car le public — les téléspectateurs étaient près d'un million — suivait religieusement l'émission, semaine après semaine, le dimanche en fin d'après-midi. C'était mon plus beau cadeau.

Suivirent les immanquables produits dérivés : outre le fan-club, il y avait le *Journal du Village*, le *Jeu du Village*, avec des images et des cartes à découper, et même une *Carte de citoyenneté du Village*. Guy Cloutier produisait tous les ans un nouvel album avec les nouvelles chansons du *Village*. Puis venait obligatoirement la promotion de l'album, avec des tournées dans les principaux centres commerciaux du Québec. Pour l'occasion, je devais revêtir une des nombreuses robes officielles du *Village de Nathalie* : une bleue, une blanche ou une jaune. Sans cette robe, je ne suis pas certaine que les enfants m'auraient reconnue. Tout ce va-et-vient m'épuisait, mais, heureusement, le public était au rendez-vous pour m'encourager.

La troisième année fut la dernière. Les cotes d'écoute avaient baissé dramatiquement et l'atmosphère sur le plateau de tournage s'était quelque peu dégradée. Il me fallait passer à autre chose, je ne pouvais plus, de toute façon, jouer des personnages de petite fille de dix ans. Je poursuivis néanmoins ma coopération avec Jacques Michel et TVA, par l'entremise de Guy Cloutier, bien évidemment, dans une autre émission qui s'est avéré être une catastrophe : *Le Gala des mini-stars*. La chicane éclata entre Guy Cloutier et Jacques Michel et ce fut la fin de cette émission. À cette époque, j'enregistrais un nouveau disque avec mon frère René, *Tourne la page*, et je devais me rendre en France toutes les semaines, pour quelques jours, entre deux enregistrements à TVA. Je passais ma vie en l'air, entre Montréal et Paris, comme dans la chanson de Starmania. En un an, j'avais fait vingt-cinq allers-retours. Sans parler des galas et des téléthons pour la cause des enfants. C'était trop. Mon médecin m'avait d'ailleurs indiqué que je ne pourrais plus continuer bien longtemps à ce rythme d'enfer.

***

À dix-huit ans, je fus « autorisée » à avoir mon premier amoureux. C'est d'ailleurs Guy Cloutier qui me l'avait trouvé : Guy Côté. Il portait curieusement le même prénom et les mêmes initiales que Guy Cloutier, pour qui d'ailleurs il avait déjà travaillé. Guy Cloutier ne recrutait jamais très loin de son territoire. Il voulait vraiment tout contrôler, mon corps comme mon cœur, d'autant que cela faisait taire les ragots à mon sujet… À dix-huit ans, il n'était pas « normal » pour une jeune fille, dont on répétait qu'elle était belle, de ne pas avoir de chum. « Faut pas que le monde se pose trop de questions à ce sujet-là, c'est pas bon pour l'image. » Ce sont ses propres paroles. De quelle image parlait-il, au juste ? De la mienne, irréprochable, ou de la sienne, celle d'un pédophile qui agresse sexuellement et abuse financièrement de son artiste depuis son plus jeune âge ?

Même si ce n'était pas moi qui l'avais choisi, je suis tombée follement amoureuse de Guy Côté. Mais cette relation ne dura pas longtemps. Comment croire à l'amour, comment aimer un homme selon les règles de l'art, comment lui faire confiance et s'abandonner dans ses bras en toute sécurité quand on a été violée à répétition si jeune ? Quand votre virginité vous a été volée à l'âge de l'innocence ? Quand une personne en position d'autorité vous impose ses choix, jusqu'à vous choisir un chum pour faire taire les ragots ou pour se défaire d'elle ? Mais dans les faits, la situation n'avait guère changé. Guy Cloutier continuait son harcèlement sexuel comme si de rien n'était.

Peut-on aimer un homme lorsqu'on a vécu de telles horreurs, à l'âge où les petites filles rêvent du prince charmant qui les emmènera sur son cheval blanc vers des contrées enchanteresses ? Ce geste et tous les autres m'ont blessée à jamais. Il a voulu me faire taire ce jour-là, et je me suis tue un temps. Si les violences physiques ont fini par cesser, la violence psychologique, quant à elle, a perduré jusqu'à ce que ma petite voix intérieure me dise que je devais rompre avec la culture du silence. Je devais vite rassembler mes forces, mon courage et me libérer de ce poids, de cette honte en brisant le silence qu'il m'avait imposé en me plongeant, à neuf ans, dans un bain de honte. Je ne voulais plus me taire. Je voulais mêler ma voix à toutes celles qui, comme moi, avaient été agressées par des bourreaux sans scrupules, qui méprisaient sans vergogne leurs victimes.

***

J'avais tellement besoin d'amour, tellement besoin de tendresse, que je me suis carrément lancée sur cet homme avec qui Guy Cloutier avait voulu me fiancer, jusqu'à l'étouffer avec mon trop-plein d'amour. J'avais tellement peur de le perdre que j'en étais envahissante. Je n'éprouvais aucun plaisir dans cette relation. Je ne savais pas ce qu'était faire l'amour, m'abandonner entre les bras d'un homme, et c'était des plus éprouvant et humiliant. Je savais encore moins parler aux hommes. Mon école était celle de Guy Cloutier, avec ses jurons, ses grossièretés et ses viols. J'étais plutôt muette et je n'avais aucune confiance en moi. Alors, j'ai changé plusieurs fois de partenaires. Peut-être étais-je incapable de faire les bons choix ? Il me semblait toujours que je tombais sur des hommes qui ne me respectaient pas, qui voulaient simplement m'utiliser et qui ne pouvaient pas me comprendre.

Pendant tout ce temps, entre deux studios d'enregistrement, deux spectacles, deux chambres d'hôtel et deux entrevues, je perdais un peu plus de mon enfance, et mon adolescence suivait la même pente abrupte sans que je puisse réellement profiter de cette période qu'on dit de liberté. On me volait mes joies, mes amitiés, ma vie privée, mes illusions et mes rêves. J'étais devenue une chanteuse professionnelle au bord de l'épuisement. Personne ne m'avait sérieusement préparée à devenir une adulte. Personne ne m'enseignait ce que c'était la culture, la grande ou la petite.

Par exemple, comment pouvais-je savoir, si personne ne me l'avait appris, qui était le poète Verlaine dont on parle dans la chanson *À ton départ* qu'on avait ajoutée à mon répertoire ?

« *J'attendrai que reviennent / Les violons de Verlaine* »… Un journaliste m'avait questionné à ce sujet en me demandant si je savais qui était Verlaine et je n'avais pas su que répondre. Par la suite, on avait bien ri de mon ignorance et j'en avais été blessée. Mais cela importait peu à mon gérant. J'étais lâchée lousse dans cette jungle, sans préparation aucune, et les résultats se mesuraient aux retombées financières, point final. Une simple question de marketing et de piastres.

Je le répète : on ne me renseignait pas, je ne recevais aucun enseignement et je n'avais rien à dire sur le choix des chansons. Je chantais les chansons qu'on me mettait en bouche. Parfois, il s'agissait de très vieux succès, mais ma jeunesse et ma vitalité contribuaient sans doute à les rafraîchir et à leur donner une nouvelle vie, grâce à ma voix de petite fille et à ma maîtrise du métier. J'entendais dire, dans les coulisses du showbiz, que j'étais une véritable bête de scène et que j'avais un bon sens de l'improvisation. D'ailleurs, certains signes ne le démentaient pas. J'obtenais de plus en plus de disques d'or et de disques de platine pour mes ventes et je cumulais des trophées Félix pour ma participation à des spectacles. Mais, malheureusement, ces trophées disparaissaient rapidement, sans que je sache chez qui ils échouaient. J'en conserve précieusement aujourd'hui seulement trois sur les douze que j'ai gagnés. Peut-être qu'un jour je pourrai les récupérer ? Je doute fort que Guy Cloutier les ait conservés chez lui depuis ma dénonciation. Alors, peut-être aurai-je une chance de les retrouver dans une vente-débarras…

***

On avait construit autour de moi une tour d'ivoire artificielle. Personne ne pouvait m'approcher en dehors du personnel du bureau de Guy Cloutier. Dans de telles conditions, son abandon sera d'autant plus cruel, comme on le verra plus tard, et prendra des allures de déchéance, car je n'aurai plus aucun repère. Auprès de qui les chercher, ces repères qui normalement vous guident dans la vie et accompagnent vos relations humaines, vos amours, vos amitiés? Heureusement qu'à l'occasion, je me retrouvais en compagnie de ma famille.

Pendant tout ce temps, Guy Cloutier, lui, engrangeait des millions. Un homme généreux, avez-vous dit? Moi, je dirais plutôt un homme calculateur, méprisant, imbu de lui-même, manipulateur et malhonnête. Jamais je n'ai reçu de lui un seul chèque pour mon travail d'artiste. Ce qu'il me donnait, c'était toujours en argent comptant. Pour toute autre personne, cela aurait dû éveiller des soupçons, mais moi, je n'y connaissais rien, car on m'infantilisait et on me maintenait dans l'ignorance totale, dans les limbes. C'était sa façon de me garder dépendante de lui. Un homme bon, vous avez dit? Non, pas vraiment, mais un agresseur sexuel sans scrupules et fourbe. Comment se fait-il que l'Agence du revenu du Canada et le ministère du Revenu du Québec ne lui aient pas encore demandé de rouvrir les livres de sa compagnie?

Ma carrière d'artiste s'est abruptement terminée lorsque le gérant décida de me laisser tomber parce que je n'étais plus la petite fille dont il rêvait. Au début des années 1990, Guy Cloutier a décidé que j'allais prendre une année sabbatique. J'avais aussi réussi à le convaincre de changer mon look et je me suis donc fait couper les cheveux. C'était une autre Nathalie, différente de la petite fille docile, mais avec la même voix, la même expérience de la scène et du showbiz, la même candeur. Le passage de l'enfance à la vie d'adulte avait été brusque. Je terminais une tournée de quinze spectacles. Le dernier avait eu lieu au Théâtre Saint-Denis et j'avais fait salle comble.

Je pensais que cette pause allait durer un an, comme il me l'avait laissé entendre, et je la trouvais bienvenue. D'ailleurs, mon médecin m'avait fortement recommandé de m'arrêter un certain temps. Mais l'intermède s'est prolongé pendant quatre longues années. Lorsque je lui faisais part de mon désir de recommencer à chanter, chaque fois il me disait d'être patiente, que quelque chose allait bientôt se présenter. Mais rien n'arrivait. J'étais impatiente de retourner sur scène, car c'est tout ce que je savais faire. Je n'avais même pas complété mon deuxième secondaire. Surtout, j'étais sans ressources financières, malgré tous les succès que j'avais accumulés.

C'est à cette époque que j'ai rencontré, lors du téléthon *Opération Enfant Soleil*, l'animateur Marc-André Coallier. J'en suis tombée amoureuse et notre relation a duré neuf mois. Comme je n'avais pas beaucoup d'expérience, ayant été sous le contrôle de l'agresseur jusqu'à ce jour, et ce, même dans mes sentiments, l'aventure ne dura pas. Je n'arrivais pas, justement, à exprimer mes sentiments malgré toute l'énergie que je mettais pour y arriver. Je ne saurais dire si c'est un père que je cherchais sous les traits d'un amoureux, mais je sais que je voulais un homme, un vrai, en qui avoir confiance pour la vie et sur qui appuyer ma tête.

J'ai accumulé ainsi plusieurs aventures qui se terminaient toujours en queue de poisson. À cette époque, Guy Cloutier me laissait le champ libre et ne me harcelait plus, trop occupé qu'il était avec ses autres projets et ses autres artistes. Cela a créé un grand vide qu'il me tardait de combler. J'ai alors rencontré le futur père de ma fille, Alain Decelles, dans un bar de Laval où mon frère Martin travaillait. Il n'avait rien à voir avec le milieu artistique, mais savait tout de même qui j'étais. Il n'était pas blanc comme neige, mais pour l'amour, on ne demande pas aux hommes d'avoir inventé la roue, comme le chantait plus ou moins en ces termes Georges Brassens.

Au bout de quelques mois de fréquentation, je suis tombée enceinte, à mon plus grand bonheur. Je désirais tellement avoir un enfant que j'éduquerais et que je protégerais de tous les dangers du monde! Je me sentais soudainement l'étoffe d'une battante et j'étais prête pour ce nouveau défi. J'ai accouché le 29 novembre 1993, à l'hôpital Sainte-Justine, d'une petite fille que j'ai appelée Ève. Mon enfant, mon amour.

Dans ce désert affectif que je traversais, dans cette grande noirceur, il y a heureusement eu cet événement heureux, la naissance d'Ève. Nous étions désormais deux. Il fallait que je survive, ne serait-ce que pour lui assurer un minimum vital. Mais s'en est suivi une série de faux pas, de mauvaises décisions et d'erreurs bêtes — on a même saisi mon condo de L'Île-des-Sœurs que Guy Cloutier m'avait autorisé à acheter. Les choses se sont peu à peu dégradées avec mon conjoint, que j'avais épousé entre-temps à Las Vegas. Après notre mariage, il s'est montré sous son vrai jour: jaloux, colérique, de mauvaise compagnie, toujours insatisfait de ma façon d'être. Cette fois, je n'allais pas consentir à vivre une fois de plus sous les menaces et le chantage émotif. Je ne veux pas revenir sur cet épisode d'errements de ma vie, où j'aurais pu, enfin trouver la paix avec ma fille. Ma naïveté m'a encore joué des tours. Je ne sais pas s'il faut mettre ces erreurs sur le compte de mon passé de victime d'agressions sexuelles, mais je sais que je traînais toujours un énorme boulet qui minait ma relation affective avec ma fille et avec mon entourage immédiat.

Guy Cloutier semblait suivre mes déboires de loin, mais il était néanmoins bien renseigné.

Lorsque j'ai été arrêtée avec mon mari et accusée d'avoir tenté de frauder la compagnie qui assurait nos biens, il a, comme on dit, « freaké », craignant que je déballe mon histoire à la police. Mais non, j'avais trop besoin de la présence de mon bébé pour me lancer dans une telle opération. Criblée de dettes, j'ai été obligée de déclarer faillite et j'ai ainsi perdu mon condo. Je combattais maintenant pour ma survie et celle de ma fille, et je ne voulais plus rien savoir de mon mari.

Guy Cloutier offrit de m'aider financièrement. Ce n'était sûrement pas par pur désintéressement qu'il le faisait. Sans doute avait-il peur que je révèle ces agressions sexuelles, n'ayant plus rien à perdre. Ce ne serait pas beau, et il le savait. Ce serait même terrible si je les révélais. Mais je n'étais pas prête, trop occupée à assurer le pain quotidien de ma fille. Il me proposa donc un cachet de trois cent cinquante dollars par semaine, le paiement de mon loyer, à Boisbriand, ainsi qu'une voiture. Le comptable arrangea tout cela. Chaque semaine je devais me rendre au bureau de Guy Cloutier pour aller chercher mon chèque de 350 dollars. Je n'étais même pas sur le *payroll* de la compagnie.

J'ai tout tenté pour retrouver ma place dans le milieu artistique. J'avais seize ans de métier derrière moi, ce n'était pas rien. Mon album, *Parole de femme*, que je jugeais le meilleur de toute ma production, avait été vite oublié. Le grand vide de ces quatre années m'avait reléguée loin derrière. Ce qui intéressait maintenant la critique, c'était ma vie personnelle, mes déboires amoureux, mes démêlés avec la justice, mes problèmes de poids. Je trouvais le milieu bien ingrat. On m'a bien donné quelques petits rôles, ici et là, entre autres dans la comédie musicale de Michel Tremblay et François Dompierre, *Demain matin, Montréal m'attend*, et je remercie ceux qui me les ont offerts, deux grands du monde du théâtre et de la musique, sans oublier la grande Denise Filiatrault. J'acceptais ces petits rôles pour des raisons alimentaires, car je trouvais que je pouvais faire beaucoup mieux et participer à des projets beaucoup plus grands, d'autant que j'avais suivi des cours de théâtre avec la comédienne Murielle Dutil. Cela dit, j'ai reçu de très bonnes critiques suite à cette performance. Je ne pouvais me montrer difficile et lever le nez sur ce qu'on me proposait, mais je me sentais profondément blessée, humiliée et abandonnée du jour au lendemain.

On me demandait souvent autour de moi pourquoi on ne me voyait plus à la télévision. Je ne savais que répondre. Cela aurait été trop long à expliquer. Alors, on m'a proposé d'animer une émission hebdomadaire d'une heure, *Décibel*, au réseau TVA. Guy Cloutier en était le producteur. C'était ma première expérience comme animatrice et ce ne fut pas concluant. *Décibel* a duré deux saisons, au cours desquelles j'ai acquis de l'expérience. C'est dans ce studio que j'ai rencontré, pour la première fois «Archy». Il remplaçait au pied levé mon frère René, qui venait d'être choisi pour interpréter le rôle principal dans la comédie musicale *The Phantom of the Opera*. Donald, qui était aussi animateur de foule, jouera un rôle important dans ma démarche de dénonciation, comme on le verra plus loin. Il deviendra mon ami. J'en avais si peu.

Alors, j'ai tenté une ultime manœuvre. Je n'avais rien à perdre et j'étais au bout du rouleau. Je me disais que je n'avais peut-être plus le physique de l'emploi, celui de la jeune chanteuse, gracieuse et innocente, mais que je pouvais bien faire autre chose, comme m'occuper de la carrière d'artistes. J'avais, après tout, une vingtaine d'années de métier. Je n'avais pas terminé mon deuxième secondaire, mais j'avais tout de même appris ce qu'était le métier de chanteuse.

J'ai appelé mon gérant (je ne savais pas s'il fallait dire mon ex-gérant, car jamais il ne m'avait signifié que c'était terminé entre lui et moi) pour le prier de me donner du travail. Avec le maigre salaire qu'il me versait toutes les semaines — était-ce pour me rembourser tout ce que je lui avais fait gagner depuis des années ou pour acheter mon silence ? —, j'arrivais à peine à payer mes autres dépenses : mon électricité, la nourriture, les vêtements pour ma fille et un peu d'essence pour mettre dans la voiture. J'étais prête à tout, même à le supplier. C'était bien la preuve que je voulais m'en sortir.

Il est venu me voir dans mon petit logement à Sainte-Thérèse. Il était tard, ma fille dormait, et il avait manifestement bu. Je lui ai expliqué, le plus clairement possible, malgré son manque d'attention et son désintérêt évident, que je voulais qu'il m'offre du travail dans son entreprise. Il se moquait bien de ce que je pouvais endurer. Il trouvait cependant que j'étais très courageuse de vivre dans un tel environnement après avoir connu le luxe, dans mon condo de L'Île-des-Sœurs. C'est tout ce qu'il trouva à me dire. Il avait toujours cet air de suprématie qui en impose aux autres. Je voulais me montrer fière et forte, mais il m'affirma avec mépris que je n'étais plus bonne à rien. « Je vais y penser », qu'il me dit, avant de s'approcher de moi pour me tripoter les seins comme dans le bon vieux temps. Je lui ai dit que je ne voulais pas qu'il me touche. Il baissa malgré tout sa fermeture éclair et se masturba devant moi. J'avais peur que ma fille se réveille.

Cette nouvelle scène d'horreur venait de réveiller mes vieux démons. J'étais assommée. J'ai refermé la porte et je me suis effondrée en larmes. Et cet événement s'est déroulé en 2001.

Après ma dénonciation, quelques personnes du milieu artistique m'avaient confié qu'il avait dit des choses dégueulasses à mon sujet, utilisé des mots dégradants, ce qui, en bout de ligne, lui donnait raison de ne plus me donner de travail. Pour sauver la face, il était prêt à tout.

✳✳✳

Pour moi, c'est un crime d'empêcher quelqu'un de travailler et de gagner sa vie. Toutes mes tentatives de revenir sur scène se sont soldées par un échec, par des portes fermées. J'ai contacté des personnes que je croyais sincères et qui pouvaient m'aider, mais toutes, je dis bien toutes, ont fermé la porte et m'ont signifié une fin de non-recevoir, mêmes celles qui m'avaient autrefois approchée. Je rêvais d'être une artiste, mais on m'empêchait de vivre mon rêve. Je me sentais coupée de tout, privée du bonheur, de ma joie de vivre.

C'est le propre des pédophiles d'agir ainsi, d'abandonner la petite fille docile devenue une adulte encombrante et gênante. Cet homme était extrêmement puissant et presque tous les artistes venaient manger dans sa main. Hors de sa compagnie, point de salut. C'était à prendre ou à laisser. D'ailleurs, il s'en vantait fréquemment dans les restaurants, entouré de son groupe de courtisans, véritables béni-oui-oui qui riaient toujours de ses farces vulgaires à double sens. Personne n'osait le critiquer. Il pensait sûrement qu'en m'abandonnant ainsi sur le bord de la route, souillée à jamais, j'allais me laisser mourir, j'allais dépérir, sans réagir, sans briser le silence qu'il m'avait imposé: « Surtout, tu ne dis rien à personne. » Une épée de Damoclès suspendue en permanence au-dessus de ma tête.

J'ai été prise dans un engrenage infernal. Cela a duré près de vingt ans. Il était imposant et je le craignais. J'étais toujours très nerveuse en sa présence, non seulement parce qu'il était le parrain, toujours en plein contrôle de lui et très confiant, mais aussi en raison de ce trop lourd secret que je traînais comme un boulet, et qui avait grossi à chacune de ses agressions. Au début, il gérait seulement la carrière de mon frère René et la mienne. Puis la liste avait commencé à s'allonger, avec l'arrivée de Natasha St-Pier, qui sortit son premier album à l'âge de quinze ans, Ima, Mario Pelchat, Nelson Minville, Jean-François Brault, Marie-Ève Janvier, Renée Martel, Johanne Blouin, Gabrielle Destroismaisons, qui sortit son premier album à dix-sept ans, Martine St-Claïr, etc. Presque toute la colonie artistique transigeait, de près ou de loin, avec Guy Cloutier. « Quand tu es à ses côtés, il te fait du bien, car c'est un homme généreux », répétait-on. On ne parlait certainement pas du même homme.

***

Un jour, je me suis décidé à parler de mon lourd secret à mon frère René. Il était la première personne à qui je confiais ce secret. Il a semblé surpris par ce que je venais de lui avouer : j'avais été agressée sexuellement par Guy Cloutier à l'âge de neuf ans, sans doute au moment de la chanson de l'UNICEF… Fâché de voir dans quel état d'indigence je vivais, il m'a promis de régler cette situation rapidement, pourvu que je ne parle de cette agression à personne. Surtout :

je ne devais pas voir de psychologue, car personne de l'extérieur ne devait s'immiscer dans cette histoire. Il m'a promis qu'il allait régler cela seul à seul, avec Guy Cloutier. Si ces agressions venaient à se savoir, cela nuirait aussi bien à ma carrière qu'à la sienne, et toute la famille serait éclaboussée.

Ce n'est pas ce genre de compensation que je demandais. Je voyais grandir ma fille et me disais que mon bébé ne devait pas connaître le même sort que moi, qu'elle méritait qu'on lui dise la vérité. Elle allait bientôt avoir le même âge que j'avais lorsque j'ai commencé à être agressée, et cette idée m'était insupportable. Ma fille devait savoir que sa mère n'était pas une « cochonne », comme le gérant m'appelait souvent lorsqu'il prenait un verre et qu'il lui venait l'envie de me tripoter. Ma fille devait pouvoir être fière de moi.

Le lendemain, mon frère prit rendez-vous avec Guy Cloutier. Celui-ci réagit très mal. Il supplia René de ne rien révéler publiquement. Aucun remords, aucune excuse. Seulement la peur de passer pour un pédophile, ce qu'il était en réalité. Mais il prétendait le contraire et disait que tout cela n'avait été qu'un jeu sans conséquence entre lui et moi. Comme si j'étais responsable de mon propre malheur ! Les bourreaux réussissent souvent à faire croire à leurs victimes qu'elles sont responsables de leur sort. Moi, petite fille que j'étais, j'avais mérité d'être agressée sexuellement. J'étais masochiste, en somme, ou vicieuse. Y'a rien là! On efface tout, on oublie et on passe à autre chose.

René ne marcha pas dans cette combine prévisible. Il mit donc le paquet pour lui faire comprendre l'urgence de la situation et inventa une histoire de circonstance : je consultais un psychologue, qui était professeur de psychologie à l'Université du Québec à Montréal, et je m'apprêtais à écrire un livre sur le sujet avec son aide. La chose risquait de s'ébruiter avant même la publication dudit ouvrage, étant donné ma notoriété. Guy Cloutier, aux abois, accepta dans un premier temps d'augmenter mon allocation mensuelle, sans même me demander si c'était ce que je désirais par-dessus tout. Il commençait à sentir la soupe chaude et il semblait prêt à plusieurs concessions de cet ordre.

Entre-temps, je me suis décidée à en parler à mon plus jeune frère, Jean-Roger. Je voulais me confier à quelqu'un d'autre, une personne qui me comprendrait. J'avais confiance en Jean-Roger et je me disais qu'il valait mieux, de toute façon, qu'une autre personne soit au courant de mes malheurs. J'avais maintenant peur de la réaction de Guy Cloutier, il pouvait réagir de façon violente et je sentais donc le besoin de mettre plusieurs personnes au courant, au cas où…

Mon frère fut abasourdi en apprenant la nouvelle. C'était comme si je venais de lui asséner un coup de massue, m'avait-il dit. Il me conseilla d'aller voir un psychologue rapidement, ce que je fis le lendemain. Seul un psychologue saurait mesurer mon désarroi et ma profonde peine. Et puis un psychologue serait à même de prouver que je n'étais pas folle et que je n'avais pas inventé cette histoire d'agressions sexuelles à répétition. Il pourrait lire dans mon âme, dans mes yeux, que je n'avais rien inventé. C'était bien la première personne qui semblait me comprendre et réaliser la profondeur de ma peine. Son conseil me fut des plus précieux.

J'ai d'abord pris rendez-vous avec mon médecin de famille, le docteur Yvon Bricault, à qui j'ai révélé mon malheur. Lui aussi n'en revenait pas, car il connaissait la notoriété de mon agresseur. Je lui ai dit que je voulais rencontrer un psychologue et il approuva ma démarche. Il me conseilla de prendre rendez-vous avec Mario Daigle, un psychologue qui avait son bureau non loin du sien. Je pris donc rendez-vous sur-le-champ avec ce psychologue. De me confier ainsi à plusieurs personnes m'a rassurée. Je me sentais moins seule à porter ce lourd secret, mais cela n'a pas empêché la peur de m'habiter jour et nuit.

Dans le bureau du psychologue, je me suis effondrée. Je venais de désamorcer cette bombe à retardement qui minait depuis des années mon existence. La kamikaze que j'étais avait survécu. Je pensais à ma fille, que je regardais grandir, et je revoyais ce que mon agresseur m'avait fait subir à cet âge d'innocence pure. Je me disais que c'était horrible. Je me projetais en elle, j'imaginais son petit corps agressé sexuellement et je m'effondrais de nouveau. Je ne voulais surtout pas qu'elle vive ce que j'avais vécu. À chaque séance de thérapie avec mon psychologue, j'en ressortais totalement à l'envers, plus troublée que jamais. Ces rencontres me faisaient souffrir terriblement, elles faisaient remonter à la surface tout ce qui avait été enfoui, volontairement ou involontairement, au plus profond de moi. Je n'en revenais tout simplement pas. Mais c'était un passage obligé.

Cela commençait à faire beaucoup de monde qui était au courant de mes malheurs et il était évident que Guy Cloutier devait en avoir des échos, même si personne n'avait encore pensé à alerter la police. J'avais toutes les raisons du monde de craindre le pire. Ne dit-on pas qu'il n'y a rien de plus dangereux qu'une bête traquée ? C'est ainsi que devait se sentir Guy Cloutier qui avait les moyens d'étendre ses tentacules jusqu'à moi. D'ailleurs, on avait défoncé mon auto et vandalisé l'intérieur, sans rien voler. C'était évident pour moi qu'il s'agissait d'un avertissement, et cet incident accentua mes peurs. Si c'était le but recherché, l'opération était réussie. Quelqu'un voulait me faire taire.

Les manœuvres de mon frère René semblaient avoir porté leurs fruits. Guy Cloutier m'autorisa à m'acheter une maison. Cet achat devait montrer à la face du monde que la petite Nathalie ne vivait pas dans la misère et que son gérant la payait bien, qu'elle n'était pas flouée et qu'elle était des plus heureuse. Toujours son image… C'est ce qui ressortait des conversations entre mon frère René et Guy Cloutier, auxquelles j'avais été invitée. J'étais toujours aussi ahurie de constater que je n'étais qu'un pion, que mon opinion ne comptait pas, et que l'on continuait de tout décider au-dessus de ma tête, sans prendre la peine de me consulter. Je n'étais qu'une femme, qu'une petite fille. C'est comme si je n'avais pas vieilli, comme si j'étais immature, et qu'on devait veiller sur moi.

J'ai acheté la première maison que l'agent d'immeuble me proposa. Il s'agissait d'une fermette située à Roxton Pond, en banlieue de Granby. Elle était très isolée des voisins. C'était sans doute ce qui me faisait le plus peur. Et s'il m'arrivait quelque chose, si on essayait de me faire disparaître, qui s'en rendrait compte? Mais, peu importe, car il y avait si longtemps que je rêvais de vivre dans une maison, avec un terrain tout autour, où je pourrais m'épanouir à mon rythme, me faire une nouvelle vie, cultiver mon jardin en toute quiétude avec ma fille à mes côtés! Il y avait une écurie, et je comptais bien m'acheter un ou deux chevaux pour qu'on puisse faire de l'équitation, Ève et moi. Il y avait même des sentiers, dans le boisé, pour s'y promener, à pied ou à cheval, et un étang, creusé par les anciens propriétaires, pour s'y baigner l'été. Je rêvais de m'investir dans un autre secteur que la chanson et ce déménagement m'en donnerait l'occasion.

Les discussions et tractations s'éternisèrent pendant trois ou quatre mois, sans que je sache vraiment pourquoi. La situation était invivable. Être tenue dans l'ignorance totale et dans le silence minait mon moral et m'inquiétait. Je vivotais toujours avec ma fille dans mon condo de Sainte-Thérèse, plus ou moins oisive, à attendre le coup de téléphone qui allait m'annoncer la bonne nouvelle ou le chèque mensuel qui allait me permettre d'acheter de la nourriture. Je n'osais pas sortir de la maison, et lorsque j'étais obligée de le faire, pour l'achat de produits de première nécessité, je vivais un véritable calvaire. Je sentais les regards des voisins sur moi, qui semblaient se demander ce que je faisais là et pourquoi on ne me voyait plus à la télévision. J'étais honteuse. Chaque sortie me plongeait dans une détresse psychologique qui pouvait durer des heures et des heures.

J'imaginais le pire, qu'on complotait dans mon dos, que tous ces délais ne servaient qu'à gagner du temps, en attendant qu'on trouve le moyen adéquat de me faire disparaître à jamais. Ou encore qu'on s'affairait à installer des micros et des caméras cachés dans la maison, avant que je m'y installe, pour mieux contrôler mes allées et venues. On pourra bien me taxer de paranoïaque, mais disons que les circonstances me poussaient aisément vers la théorie du complot, surtout après le vandalisme de ma voiture.

Finalement, je fus convoquée chez le notaire, pour la signature des papiers. J'ai demandé à mon frère Jean-Roger de m'accompagner et de surveiller ma voiture pendant que je serais à l'intérieur. En sortant de chez le notaire, une fois que tous les documents officiels furent signés, je me suis mise à pleurer, et tous ceux qui étaient présents à mes côtés, dont les anciens propriétaires de la maison, se mirent également à pleurer. L'émotion était palpable. Je pensais vraiment qu'une nouvelle vie allait commencer, que mes problèmes allaient peu à peu se résorber. Mais on ne biffe pas, avec une simple signature de titres de propriété chez le notaire, autant d'années d'horreur et d'outrages.

Une fois installée dans ma nouvelle maison, j'ai trouvé que le domaine était très vaste. J'aurais pu m'y sentir à l'aise s'il n'y avait pas toujours eu cette peur qui me tenaillait et qui prenait toutes sortes de formes. Un bruit suspect suffisait à semer l'émoi. J'avais même fait installer un système d'alarme relié à une centrale et je me promenais toujours dans la maison et aux alentours avec le bouton pouvant alerter la centrale. Je continuais d'être suivie par mon psychologue, mais mon mal de vivre ne disparaissait pas, malgré tous ses bons conseils. J'étais toujours aussi angoissée, je tournais en rond, je n'arrivais pas à m'organiser et à imaginer des projets d'avenir. Je vivais dans la précarité, sans travail, encore et toujours sans ressources comme avant. C'était comme si rien n'avait changé, sauf le décor.

***

J'ai gardé ainsi le silence pendant près de vingt-cinq ans sur les prédations sexuelles, les cruautés mentales et les rapines diverses dont j'ai été victime, jusqu'au jour où je me suis regardée dans le miroir et que j'y ai découvert l'horreur. Il était là, derrière moi, il était l'ombre de mon ombre. Il me disait « chut ! », il me disait de me taire, avec l'index pointé devant ses lèvres. Il se masturbait grossièrement, sans pudeur. C'était hideux, grotesque, ridicule. Il m'intimidait et j'étouffais. Ce jour-là, tout a basculé. Je revoyais ma jeunesse qui foutait le camp. Ma robe blanche de printemps, celle que j'avais revêtue pour la première chanson de l'UNICEF, était souillée. J'étais morte. J'étais dans cet horrible papier-mouchoir avec lequel il s'essuyait après m'avoir violentée. J'avais déjà servi et je n'étais plus bonne à rien, j'étais jetable.

Est-ce que toute cette horreur avait eu lieu ou n'était-elle que le produit de mon imagination, de mes fantasmes ? Comment prouver l'horreur, celle qui laisse des traces profondes dans la psyché, mais qu'on ne peut découvrir à première vue sur le corps ? C'était sa parole contre la mienne. Était-ce bien moi, cette jeune fille en larmes, seule, abandonnée ? Je ne me reconnaissais plus. Une nouvelle Nathalie était en train de naître, dans la douleur et la souffrance. Et je me demandais fébrilement : « Qui sera là pour me consoler lorsque j'aurai tout dit, lorsque j'aurai brisé le silence ? Serais-je seule à pleurer dans mon coin, plus vieille que nature, morte-vivante ? »

J'étais néanmoins bien décidée à ne plus me taire. Parce que le silence n'est pas une solution, et qu'il ne permet aucune réparation, aucun changement. Je ne pouvais accepter que tout se déroule selon la volonté de cet homme qui s'était donné le droit de vie et de mort sur ma carrière, sur ma famille, mais aussi sur mon corps. Je n'étais plus la petite fille docile qu'on manipulait à demande. Il m'avait laissé tomber, volant ma dignité, sans même se préoccuper de ce que j'étais devenue. Et moi, pendant ce temps, j'essayais d'enterrer quelque part dans ma mémoire toutes ces horreurs en pensant ainsi m'en délivrer. Je méritais mieux.

« Je vais y penser », m'avait-il dit lorsque, découragée, je lui avais demandé du travail. Je me retrouvais seule avec ma fille, sans ressources, doutant même de pouvoir lui donner le nécessaire pour son bien-être quotidien. Le secret était trop lourd à porter. Je devais le partager avec une personne en dehors de ma famille, et c'est ce que j'ai décidé de faire. Sans aucun désir de vengeance. Sans aucun désir de le faire payer pour tout ce qu'il m'avait fait endurer. Sans aucun désir de le punir, même si j'en avais le droit. Il avait commis des actes criminels, après tout. La justice, si elle existait, pourrait s'en charger en temps et lieu. Mais je n'étais pas rendue à cette étape. Je voulais parler pour me libérer du poids de la honte, loin des feux de la rampe. Qui peut comprendre cela, sinon les personnes qui ont vécu les mêmes horreurs ?

La goutte qui a fait déborder le vase de la tolérance, c'est lorsque j'ai appris que mon frère René allait faire un nouvel album avec Guy Cloutier, celui qui m'avait agressée. René ne pouvait plus plaider l'innocence, car il connaissait maintenant toute l'horreur que j'avais vécue et n'avait plus d'excuse possible. Mais pour lui, c'était une question de vie ou de mort, disait-il. Il devait gagner sa vie, faire vivre ses deux enfants. Moi, je trouvais cette réunion immorale. Cela revenait à cautionner les agressions sexuelles dont j'avais été victime pendant tant d'années. Mon frère René avait suffisamment de talent, suffisamment de métier pour aller voir ailleurs, et sa carrière n'aurait pas été en péril s'il l'avait fait.

Il fallait que je me confie à quelqu'un d'autre. Une fois les vannes qui retenaient prisonnière la parole ouvertes, bien malin celui qui pourrait prévoir où et quand ce courant de libération allait s'arrêter. J'ai décidé d'en parler à mon autre frère, Martin, et à sa femme, Louise. Tout le monde me croyait et tous étaient choqués et indignés ce qui me rassurait.

Guy Cloutier se montrait des plus inquiet en raison de ce que lui avait raconté René à propos d'un livre que je devais écrire avec l'aide d'un psychologue. Mes silences l'inquiétaient d'autant plus que je n'étais pas allée au lancement de mon frère René. Il craignait donc le pire. Il me pressa de le rencontrer à l'endroit de mon choix. Il voulait me parler. Je choisis un restaurant populaire, à

Granby. Il ne pourrait rien tenter contre moi, l'endroit étant très fréquenté. Il savait, par la comptable, que j'en arrachais et que la ville de Granby me réclamait une taxe de bienvenue de plus de cinq mille dollars que je n'avais pas prévue au moment de l'achat, car je ne connaissais rien à l'immobilier. J'en avais parlé au comptable qui avait dû en parler à son patron, Guy Cloutier. Peut-être voulait-il me rencontrer pour en arriver à un compromis? Avec tout l'argent que j'estimais qu'il me devait, je n'étais pas prête à faire de compromis.

La rencontre fut houleuse. Je ne voulais pas être de nouveau humiliée et je retrouvais devant moi le même homme, roucoulant, prêt à m'attendrir avec ses soi-disant difficultés financières, roublard, orgueilleux, macho et vaniteux. Ce fut lui qui aborda le premier la question de la taxe de bienvenue de cinq mille dollars. Il me tendit une liasse de billets de banque que je refusai, mais il insista et me força à accepter cette somme, en glissant les billets dans mon sac à main. Plus tard, il a dit à qui voulait bien l'entendre que j'avais voulu le faire chanter et que je lui avais réclamé, ce jour-là, deux millions de dollars pour acheter mon silence. Balivernes et mensonge grossier! Moi la victime, j'étais transformée en maître-chanteuse.

Je vivais alors avec Yves Campeau. Notre relation a duré un peu moins d'un an. Je l'ai quitté trois mois après avoir fait ma dénonciation. Il se donnait le beau rôle, partait sans me demander quoi que ce soit et allait acheter des outils ou d'autres objets alors que je ne lui avais rien demandé. Lorsque nous nous sommes séparés, il m'a poursuivie pour de l'argent que je lui devais supposément. Il me réclamait même les litres de lait qu'il avait achetés pour moi. Toute cette histoire est survenue un an après que j'ai levé le voile sur mon identité de victime, j'ai dû me défendre, engager un avocat, aller en cour. C'était le début d'une longue série de poursuites. Ma vie privée était étalée dans les médias, avec des unes sensationnalistes, mais cette fois-ci je passais pour la méchante, la vilaine qui avait escroqué son chum. Son avocat était nul autre que Claude F. Archambault, qui au même moment représentait Guy Cloutier au criminel dans la cause qui l'opposait à moi. Ce détail était des plus troublant et tout me portait à croire qu'il y avait là un véritable complot orchestré par le parrain au bras long.

***

Quelques semaines plus tard, le 13 février 2004, après une séance de thérapie particulièrement éprouvante chez mon psychologue, je me risquai à appeler mon ami Donald, en qui j'avais totalement confiance. J'avais d'ailleurs prévenu mon psychologue qu'il fallait que j'en parle à quelqu'un d'autre et il ne s'y était pas opposé. Il m'avait dit que je devais prendre soin de moi, car j'étais encore très fragile. Même si je suivais une thérapie, je sentais que ce n'était pas suffi-sant pour pouvoir me libérer de cette boule de douleur en moi.

Donald était justement de passage à Montréal et avait son après-midi libre. Il m'a donné rendez-vous dans sa chambre d'hôtel, au centre-ville de Montréal. C'était l'endroit qu'il me fallait pour être tranquille, à l'abri des oreilles et des regards indiscrets, où personne ne pour-rait nous déranger, car je me promettais de tout lui révéler. De sa chambre d'hôtel, on pouvait voir L'Île-des-Sœurs et l'immeuble où vivait Guy Cloutier. Je n'ai pas tardé à lui déballer mon linge sale, comme on dit. Je lui ai parlé de la relation morbide avec mon imprésario, en lui révélant que j'avais été agressée sexuellement depuis l'âge de neuf ans.

Je lui ai parlé pendant plus de deux heures et je lui ai raconté en détail toute l'horreur que j'avais vécue. Donald était abasourdi, d'autant qu'il avait déjà travaillé pour cet homme. Moi, j'étais dans tous mes états, en larmes et désemparée. Je voulais savoir ce que je devais faire par la suite. Trouver un avocat? Demander un huis clos pour éviter que les journalistes s'emparent du scandale? J'avais besoin des conseils de cet ami, mais je ne savais pas par quel bout commencer. En même temps, j'avais peur, terriblement peur des réactions de Guy Cloutier et de toute la colonie artistique. Un parrain puissant peut être très violent et a le bras très long.

Donald m'a dit sans hésiter qu'il fallait que je fasse une dénonciation en bonne et due forme auprès de la police. Il n'y avait pas d'autre solution ; c'était le seul et unique chemin que je devais emprunter pour me libérer, même si cela me serait très douloureux. Je devais dénoncer mon agresseur aux policiers maintenant, le jour même. Je me sentais acculée au pied du mur, sans autre possibilité que d'affronter la bête en face de moi, avec cette peur qui me tenaillait et me terrorisait. Je sentais que ma vie allait basculer. Je commençais malgré tout à comprendre la démarche qu'il me faudrait suivre et j'ai dit à Donald de m'aider et d'aller de l'avant.

Après quelques tentatives infructueuses, Donald réussit à joindre le Service des enquêtes sur le crime contre la personne de la Sûreté du Québec. Il s'est présenté posément à la personne à l'autre bout du fil. Je lui avais d'abord demandé de ne pas révéler mon identité. Il a posé son cellulaire sur un meuble, entre nous deux, avec le micro ouvert pour que j'entende toute la conversation. Et il a prononcé ces mots terribles : « J'ai une amie avec moi, au moment où je vous parle, qui est une personnalité du monde artistique, et elle veut porter plainte contre une autre personnalité du monde artistique pour agression sexuelle. »

Sur le coup, j'ai pensé que dès le lendemain le Québec tout entier serait au courant de mon histoire. Je ne savais vraiment pas dans quoi je m'embarquais. Puis le policier lui a demandé s'il était sérieux et quel était le nom de cette personne qui voulait dénoncer son agresseur. Donald m'a regardée. Il ne savait pas s'il pouvait donner mon nom et il m'a demandé s'il pouvait le faire. J'étais prise au piège et je ne pouvais plus reculer. J'ai hésité quelques secondes puis je lui ai fait signe qu'il pouvait me nommer. S'en est suivi un long silence. « Nathalie Simard, la sœur de René ? », a-t-il demandé. Il paraissait des plus surpris, cela s'entendait. Le policier a ensuite demandé le nom de mon agresseur et Donald ne m'a même pas regardé pour me demander mon avis et le lui a révélé. Le sort en était maintenant jeté.

Le policier a pris en note le numéro de téléphone de Donald. Il nous a dit de ne pas bouger et qu'il allait bientôt nous rappeler. J'imagine qu'il devait faire certaines vérifications, prévenir ses supérieurs, demander des autorisations. Je pleurais, je tremblais, j'étais effondrée. Je me sentais encore et toujours coupable. J'allais briser des vies. Je pensais également à la famille de mon agresseur qui allait découvrir l'horreur. J'étais amie avec ses filles, je connaissais sa femme. J'ai aussi pensé que les policiers allaient peut-être croire que j'avais tout inventé. Comment allais-je faire pour les convaincre du bien-fondé de ma plainte ? Mes cicatrices étaient avant tout psychologiques.

Peu de temps après, le téléphone sonna. Un policier extraordinaire, Daniel Lapointe, que j'ai été appelée à revoir plusieurs fois, jusqu'aux tribunaux, nous a demandé où nous nous trouvions, puis nous a dit de ne pas bouger et qu'il allait être là dans une vingtaine de minutes, accompagné d'un autre policier. J'étais à l'envers. J'aurais voulu m'enfuir. Je m'imaginais que les policiers allaient appeler Guy Cloutier pour vérifier si tout cela était vrai et que ce dernier allait tenter un dernier recours pour m'éliminer. Je me sentais perdue. Ce serait ma parole contre la sienne. Je voulais m'en aller, mais c'était impossible au stade où j'en étais.

Alors, Donald m'a rassurée. Nous sommes allés attendre les policiers dans le hall de l'hôtel. Je suis allée m'asseoir à l'écart, dans un coin du hall, de façon à ce qu'on ne me voie pas, et nous avons déterminé que ce serait Donald qui allait accueillir les deux policiers à leur arrivée. Lorsqu'il a constaté que les policiers étaient bien corrects, il est venu vers moi et me les a présentés. Nous sommes ensuite retournés à la chambre d'hôtel. Ici commençait une nouvelle étape, la plus éprouvante sans aucun doute.

Tout d'abord, les policiers m'ont rapidement mise en confiance. Je pleurais, je pensais m'évanouir tellement j'étais nerveuse. J'ai commencé à raconter devant les deux policiers ce que j'avais précédemment révélé à Donald et à mes frères. Plus je faisais part aux policiers des événements entourant les multiples agressions, plus de nouveaux détails, enfouis dans ma mémoire, refaisaient surface. Les policiers prenaient des notes. Parfois, je devais m'arrêter car ces retours en arrière devenaient insoutenables. Je demandais alors la permission de m'allonger, le temps de me ressaisir et d'apaiser les sanglots qui me secouaient. Ils étaient désolés, mais ils n'avaient pas le choix de me questionner. Il fallait qu'ils « grattent dans le petit tiroir qu'il y a dans ma tête », c'était leur expression, et c'est ce qu'ils ont fait pendant plusieurs heures, avec beaucoup d'agilité, je dois le dire, en me relançant à maintes reprises sur certains détails pour bâtir une preuve des plus solide, « pour ouvrir le petit tiroir et le nettoyer » de tous ses mauvais souvenirs.

Je fixais Daniel Lapointe dans les yeux. Je souhaitais tellement qu'il me croie, qu'il ne pense pas que j'avais tout inventé ou que j'exagérais. C'était vital pour moi. Et il m'a crue. Il a bien vu que je ne mentais pas, même si cette histoire semblait à première vue tellement grosse et invraisemblable, car elle mettait en cause deux personnes très connues de la communauté artistique. Par contre, il a bien vu que ma souffrance était bien réelle, et elle l'a convaincu d'aller jusqu'au bout pour que justice soit faite. Désormais, il serait mon ange gardien, celui que je pourrais déranger à n'importe quel moment du jour ou de la nuit, celui qui serait toujours disponible pour m'écouter, pour me renseigner, pour calmer mes doutes et mes angoisses. Il avait même demandé à la Sûreté du Québec de Granby de surveiller discrètement ma résidence. Je craignais le pire, car je savais que Guy Cloutier, à la réputation irréprochable jusqu'alors, avait le bras long et qu'il avait de nombreux contacts influents dans des milieux haut placés. Il se défendrait bec et ongles et tenterait par tous les moyens de me salir encore plus en mettant en doute ma crédibilité et mon équilibre mental. Et le parrain avait les moyens de se payer les meilleurs avocats.

Nous nous sommes revus, Daniel Lapointe, son adjoint et moi, le lendemain matin, chez moi, à Granby, pour poursuivre ma déclaration. Il fallait que je continue cet exercice de mémoire, que je remonte dans le temps, jusqu'à la première fois dans son auto, où il m'accusa d'avoir provoqué son éjaculation. «As-tu déjà vu ça, un pénis ? », m'avait-il demandé. Puis il m'avait ordonné d'y toucher. Devant mon refus, il avait insisté, avec sa voix de gérant, sa voix de maître du monde : «Envoye, vas-y, c'est pas grave. Touches-y ! » À peine l'avais-je effleuré, sans le regarder, qu'il avait tout de suite éjaculé. Peut-on croire que la petite fille que j'étais y avait pris plaisir ? Puis, il avait eu le culot de me dire que c'était moi qui avais provoqué cette éjaculation. «Qu'est-ce que t'as fait là ? J'ai déchargé. J'ai les mains pleines. Passe-moi un kleenex en arrière… » Comment peut-on oublier une telle scène même si on veut tout faire pour l'enfouir au plus profond de sa mémoire ? Il venait de tuer la beauté du monde, de mon monde. Plus rien ne serait jamais pareil. J'avais neuf ans !

***

J'ai décidé de briser le silence après des années d'hésitations et de questionnements et après en avoir parlé à quelques membres de ma famille, mes frères Jean-Roger, Martin et René. Tout au plus, la police et la justice devaient-elles s'en mêler, mais en huis clos. Je me sentais plus seule que jamais.

En dévoilant ces agressions sexuelles, comme je le faisais, tout mon passé remontait à la surface. J'ai compris pourquoi j'agissais ainsi avec les hommes. C'était comme un fleuve puissant qui m'entraînait là où je n'avais jamais pensé aller, c'est-à-dire au plus profond de moi. Un véritable tremblement de terre allait se produire et secouer toutes les assises de ma famille, sans parler des autres conséquences en dehors du cercle familial, dans les coulisses du show-business. Ces révélations allaient marquer à jamais ce milieu. Je savais que j'allais briser des vies, mais je ne voulais plus me sentir coupable. Je voulais témoigner de la violence de ses actes. Je ne voulais plus fuir et je me persuadais de ne plus avoir peur. Je voulais me tenir debout et je me sentais prête à affronter le monstre.

Je me voulais forte et décidée, mais j'avais pourtant la trouille. Je tremblais de peur. Je pensais que mon agresseur allait surgir à tout moment, qu'il avait finalement appris que je m'apprêtais à le dénoncer et qu'il allait m'en empêcher par tous les moyens. Raconter toutes les agressions qu'il m'avait fait subir était un exercice des plus pénible. Je n'ai pas connu, comme mes parents ou les gens d'un certain âge, le principe de la confesse à l'église, où il suffit d'avouer un péché, un geste malheureux pour se sentir allégé. Pour moi, dévoiler ces secrets à un policier, des secrets, je le répète, honteux, et qui me faisaient sentir coupable, me boulever-sait. Mais selon les policiers, je faisais preuve, jusqu'à maintenant, de beaucoup de courage, et il m'en faudrait encore une bonne dose.

Le policier m'avait prévenue que cette accu-sation d'agression sexuelle allait conduire mon agresseur jusqu'en cour, qu'il y aurait un procès devant juge et jury, et qu'il faudrait de nouveau tout raconter devant eux. Il me fallait être prête à affronter tout cela et mon ange gardien voulait s'assurer que je n'abandonnerais pas en cours de route. Prête, je l'étais maintenant, sachant que mon ange gardien me croyait et comprenait ma peine. S'il avait manifesté le moindre doute, je me serais effondrée. Et si ma démarche s'était ébrui-tée, je me serais cachée et j'aurais refusé d'aller jusqu'au bout des procédures judiciaires. Je ne me sentais surtout pas l'étoffe d'une héroïne et je n'étais pas encore libérée du sentiment de honte qui m'accablait depuis toutes ces années.

Allait commencer alors la deuxième étape, celle où les policiers devaient monter la preuve, vérifier tous les faits sans éveiller les soupçons de mon agresseur et visiter discrètement tous les lieux où les agressions s'étaient déroulées. Cette dernière étape n'a pas tardé et nous avons entrepris un pèlerinage des plus sinistres. J'ai donc revu à leurs côtés les endroits où Guy Cloutier m'avait agressée : L'Île-des-Sœurs, Saint-Lambert, Sherbrooke, sans oublier Sainte-Adèle, où Guy Cloutier se trouvait à ce moment.

Même si la preuve apparaissait extrêmement solide, les enquêteurs pensaient qu'il fallait y ajouter quelque chose de plus consistant, comme des aveux obtenus par écoute électronique. Avec de tels aveux, ils se sentiraient à l'aise de procéder à l'arrestation de mon agresseur. L'accusé n'aurait guère le choix de plaider coupable, il serait pris en flagrant délit. Alors, a commencé l'autre phase de l'opération. Il fallait amener Guy Cloutier à admettre les agressions qu'il avait commises contre moi, sans qu'il sache qu'il était filmé et sous écoute électronique.

C'est ainsi que fut fixé le fameux rendez-vous chez moi, un 17 mars à 11 h 30. Cette heure me convenait très bien, car je ne voulais pas que ma fille Ève croise mon agresseur à son retour de l'école. Mon imprésario accepta l'invitation sans se méfier. Je ne sais pas à quoi il a pensé en venant chez moi. Avait-il eu vent de tout ce qui se préparait sur le plan judiciaire ? J'en doute, sinon il serait venu accompagné de son avocat. Régler une fois pour toute cette vieille affaire et régler une dernière fois les comptes ? Peut-être. Mais une chose est certaine, il accepta de venir chez moi sans rechigner.

Discrètement, les policiers de la Sûreté du Québec, auprès de qui j'avais porté plainte contre mon agresseur, ont organisé une mise en scène digne des meilleurs scénarios de séries noires. C'était la meilleure façon de monter une preuve irréfutable devant le juge. Avec mon accord, ils ont installé micros et caméras un peu partout dans ma maison pour piéger mon agresseur lors du rendez-vous que je lui avais fixé.

Savait-il que je consultais un psychologue, à qui je risquais de me confier et de lui révéler ce qui causait mon mal de vivre? Il y avait pas mal de gens qui étaient déjà au courant... Chose certaine, il allait l'apprendre. Il devait savoir que lorsqu'on consulte un psychologue, c'est pour lui ouvrir notre âme où se cachent bien souvent les histoires les plus terribles, pour lui raconter notre désarroi afin qu'il nous conseille sur la marche à suivre pour nous libérer de tout ce poids. Parler avec un psychologue, c'était briser une première fois le silence et révéler un secret que personne ne soupçonnait. Ce secret risquait donc de s'ébruiter. Si c'était le cas, il serait alors perdu. Il faut préciser qu'un psychologue a normalement le devoir, dans les cas d'agressions sexuelles sur une personne mineure, d'alerter les autorités judiciaires. En d'autres mots, dans cette situation, le secret professionnel n'a pas à être tenu.

Guy Cloutier avait immédiatement accepté de me rencontrer, mû non pas par la culpabilité et les remords, mais bien par le souci de protéger sa réputation qui risquait d'être éclaboussée si quelque chose filtrait dans les médias : « Il faut pas que tu dises ça au psychologue, il va aller voir la police, on va dire que la vie de la p'tite Simard, c'était pas rose, pis que j'étais un chien. Ça va sortir partout, crisse ! Les gens vont dire que je suis un monstre. » C'est ainsi qu'il avait réagi, le parrain assis devant moi en s'agitant sans bon sens. Il n'était plus le même, il semblait avoir perdu de sa superbe. Il avait même dit qu'il allait se suicider s'il était accusé et envoyé en prison, menottes aux mains. Ce qu'il n'a pas fait, manifestement. Une autre parole intimidante parmi d'autres. Il ne pensait pas que j'allais aller jusqu'au bout.

Cette rencontre du 17 mars 2004 fut sans aucun doute les deux heures les plus difficiles de ma vie, presque aussi intenses que ces longues heures durant lesquelles j'ai raconté mes agressions sexuelles à la police, alors que j'avais l'impression de me mettre à nu, littéralement. Ce n'est pas un reproche que je formule ici, c'est simplement un constat que toute victime qui brise le silence est appelée à vivre, sous une tension extrême. Il faut être fait fort pour passer à travers les différentes étapes de la dénonciation d'agressions sexuelles et je sais que ce ne sont pas toutes les victimes qui sont prêtes à briser le silence et à dévoiler l'odieux. Avec les confessions de mon agresseur, filmées et enregistrées par les policiers à l'aide de micros et de caméras cachés, je venais de prouver que je n'avais pas menti. Il avait bel et bien confirmé toutes ces fois où il m'avait agressée et il en avait dit plus qu'il n'en fallait. Avec de tels aveux, mon agresseur ne pourrait pas s'en sortir, même avec un bon avocat. Ce que j'avais raconté aux policiers s'était donc bel et bien produit. Il n'y avait plus d'ambiguïté possible. C'était un premier pas vers ma libération.

Lorsqu'il a quitté ma maison, je ne crois pas qu'il s'attendait à ce que je passe aux actes. Ce violeur d'enfance me sous-estimait encore une fois, cela ne faisait pas de doute. Il ne me croyait pas capable d'aller jusqu'au bout. Il m'avait offert une certaine somme d'argent, il savait que j'étais dans le besoin, n'ayant plus de contrats depuis plusieurs années, et il croyait que cette offre financière allait acheter mon silence, comme cela s'était fréquemment produit. Mais son stratagème ne fonctionnerait pas, cette fois-ci.

Je lui ai rappelé chacune des fois où il m'avait agressée. Ainsi mises bout à bout, ces agressions semblaient encore plus dégueulasses. Chaque fois, il admettait et se montrait même repentant, mais toujours il me suppliait de ne pas le dénoncer, de ne pas l'envoyer en prison. La seule chose qu'il m'a offerte a été d'acheter mon silence pour trois cent mille dollars. Non seulement les aveux étaient complets, mais il aggravait encore son cas en m'offrant de l'argent. Cela lui a valu une accusation de plus.

Quelques jours plus tard, le 25 mars 2004, il était arrêté, menotté, emmené et interrogé au quartier général de la Sûreté du Québec, puis conduit au palais de justice de Montréal où il comparut pour être accusé de huit chefs d'accusation. Il plaida non coupable et demanda à être jugé devant un juge et un jury. Tout le Québec était maintenant au courant. Et la nouvelle de son arrestation circula même en France, dans tous ces milieux où il avait ses habitudes.

La nouvelle produit une véritable onde de choc dans le milieu artistique. Il était interdit de mentionner le nom de la victime dont il s'était reconnu coupable de l'avoir agressée lors de notre face à face dans ma maison de Granby. Il fut relâché en attendant la tenue de son enquête préliminaire. J'étais désormais prête à me confier au tribunal et à tout raconter.

Les huit chefs d'accusation ont été réduits à cinq, mais pour des raisons judiciaires, je ne peux divulguer le cinquième :

1. Entre le 7 juillet 1980 et le 3 janvier 1983, à St-Lambert, district de Longueuil, Ste-Adèle, district de Terrebonne, L'Île-des-Sœurs et Montréal, district de Montréal, Sherbrooke, district de Bedford, Québec, district de Québec et ailleurs au Québec, a attenté à la pudeur d'une personne de sexe féminin, soit : X, commettant ainsi l'acte criminel prévu à l'article 149(1) du Code criminel.

3. Entre le 7 juillet 1981 et le 3 janvier 1983, à Saint-Lambert, district de Longueuil,

Ste-Adèle, district de Terrebonne, L'Île-des-Sœurs et Montréal, district de Montréal et ailleurs au Québec, étant une personne du sexe masculin, a eu des rapports sexuels avec X, une personne du sexe féminin qui n'était pas son épouse et qui avait moins de quatorze ans, commettant ainsi l'acte criminel prévu à l'article 146(1) du Code criminel.

4. Entre le 4 janvier 1983 et le 7 juillet 1987, à Saint-Lambert, district de Longueuil, Ste-Adèle, district de Terrebonne, L'Île-des-Sœurs et Montréal, district de Montréal, Sherbrooke, district de Bedford, Québec, district de Québec et ailleurs au Québec, a agressé sexuellement X, commettant ainsi l'acte criminel prévu à l'article 246.1(1)a) du Code criminel.

5. Entre le 16 mars 2004 et le 20 mars 2004, à Granby, district de Bedford, résidant actuellement à Montréal, district de Montréal, a encouragé X à accepter une contrepartie valable soit : 300 000 $ afin de cacher un acte criminel, commettant ainsi l'acte criminel prévu à l'article 141(1) du Code criminel.

Lorsque ces accusations ont été portées, il était interdit de révéler mon nom. Cela était d'autant plus compréhensible que j'étais mineure au moment des agressions.

***

Il s'est écoulé huit mois entre la comparution de Guy Cloutier et son enquête préliminaire, fixée au 17 novembre 2004. Huit mois au cours desquels Guy Cloutier mit en vente sa maison de Sainte-Adèle au prix d'un million de dollars et vendit sa compagnie à sa fille qui en changea le nom pour Novem. Se préparait-il à purger une longue peine en prison? Avait-il peur d'être mis en faillite et que je le «lave», comme on dit?

Toujours est-il qu'il se présenta en cour, ce matin du 17 novembre, et que la substitut du procureur général du Québec, Me Josée Grandchamp, annonça que l'accusé plaidait coupable aux cinq chefs d'accusation. On voulait, soi-disant, éviter à la victime de témoigner, on voulait éviter de l'humilier publiquement en la questionnant obligatoirement sur certains détails des agressions. Pourtant, il est bien connu qu'un avocat qui défend un accusé de viol ou d'agressions sexuelles fait en cour le maximum pour discréditer la personne qui l'accuse. Il pousse la victime dans ses derniers retranchements jusqu'à ce qu'elle craque, si possible.

Dans les faits, ayant pris connaissance de la preuve accablante que constituaient ses aveux devant moi et qui avaient été filmés et enregistrés par les policiers de la SQ, le prédateur sexuel n'avait pas d'autre choix que celui de plaider coupable à la première occasion. Par ailleurs, un tel aveu lui évitait un honteux procès. Bien sûr, cela m'accommodait. Je n'aurais pas à témoigner et à revivre l'infamie. J'avais déjà donné, comme on dit, j'avais tout raconté dans le détail aux deux enquêteurs et répondu aux questions de la procureure. Je me sentais des plus fragile et suffisamment bouleversée. C'était comme si on lisait à travers mon corps et qu'il n'y avait plus aucune zone à l'abri des regards indiscrets. Mais Me Grandchamp n'en lut pas moins les cinq chefs d'accusation et, avec l'aide de l'avocate, fit la lecture du verbatim de la transcription de l'enregistrement du 17 mars. Certains propos tenus par Guy Cloutier étaient des plus crus et ça chuchotait fort dans la salle.

La bête, acculée dans ses derniers retranchements, tenta par la bouche de son avocate de susciter la compassion du juge. La victime, c'était lui! Guy Cloutier alla jusqu'à promettre d'« organiser des spectacles pour venir en aide aux victimes d'agressions sexuelles ». C'était le comble! Un peu plus il me demandait d'y participer à ses côtés. Son avocate souligna que son client avait beaucoup souffert pendant ces huit mois, qu'il avait beaucoup perdu, dont l'affection de sa famille. Elle avança qu'au départ il y avait eu une relation affective entre le gérant et sa protégée, puis qu'elle s'était transformée en relation sexuelle! Comment peut-il y avoir une saine relation affective entre, d'une part, une fillette de neuf ans soumise, qu'on maintient dans la dépendance, et, d'autre part, son gérant qui a tous les pouvoirs sur elle et qui l'agresse sexuellement? Neuf ans! Un peu plus l'avocate évoquait le syndrome de Stockholm pour expliquer le méli-mélo sentimental!

L'avocate insista sur le fait que son client éprouvait des remords. Encore une fois, je fus estomaquée. Ces agressions, ces humiliations avaient duré sur une très longue période. Pourquoi ne s'était-il pas repenti plus tôt? Puis son avocate proposa au juge une peine de moins de deux ans, à purger dans la communauté. Là encore, j'étais estomaquée. Je ne comprenais rien à ce genre de calcul arithmétique. Moi, j'allais traîner ce boulet toute ma vie, mais mon agresseur, lui, allait s'en tirer facilement? On efface tout et on remet le compteur à zéro?

Dans sa lettre adressée à sa famille, qu'il rendit publique, sans doute sous les conseils de l'agence de relations publiques qu'il avait contactée pour gérer sa crise, il mit la faute sur l'alcool, la faiblesse, des pulsions qu'il n'avait pas su contrôler «et tout un concours de circonstances qui [l'avaient] poussé à abuser de gens qui avaient confiance en [lui]». L'alcool, la faiblesse et des pulsions! Si au moins on avait la preuve qu'il est désormais guéri, qu'il n'est plus faible, que l'alcool ne sera plus la cause d'agressions et qu'il a su dominer ses pulsions...

Le juge l'a condamné à quarante-deux mois d'emprisonnement pour tous les chefs d'accusation. Vingt-six mois d'emprisonnement en ce qui concerne les agressions commises contre moi et seize mois pour l'autre victime. Une peine de vingt-six mois ou de cinq ans, comme le réclamait mon avocate, ne me rendrait pas mon innocence perdue.

Pour l'instant mon nom n'avait pas été mentionné, je demeurais une victime d'agression sexuelle anonyme, et l'ordonnance de la cour n'avait pas été levée avec le prononcé de la sentence. Bien sûr, la rumeur publique me nommait, mais il n'y avait rien d'officiel. On spéculait surtout sur le nom de l'autre victime qui avait pardonné à son agresseur, selon le juge, d'où la peine moins sévère.

***

Peu de temps après, j'ai demandé au tribunal de lever l'interdiction de la divulgation de mon nom. Mon bourreau en prison s'y opposa farouchement. Il s'interrogeait sur la pertinence de ma démarche. Mais la vraie raison, c'est qu'il se verrait de nouveau éclaboussé par cette révélation. Même derrière les barreaux, il voulait encore me contrôler et me faire taire. Il s'opposa ainsi non pour mon bien, mais pour assurer ses arrières lorsqu'il sortirait de prison. Il savait que le milieu artistique, dont une bonne partie de ses membres était demeurée sceptique au moment de son arrestation puis de sa condamnation, voire muette, aurait enfin la confirmation qu'il était bel et bien un monstre et que « sa protégée » était, en fait, sa victime. Plus de doute possible. Honte à lui !

Le tribunal accepta finalement ma demande, après avoir entendu mes arguments. Ce qui a suivi fut un véritable enfer, et j'y ai plongé tête baissée, visière levée, sans me méfier. Même si la rumeur courait depuis quelque temps qu'il s'agissait bien de la « p'tite Simard », la nouvelle se répandit comme une traînée de poudre. J'ai été la proie désignée des médias qui n'ont pas hésité à se servir de moi pour faire la nouvelle et vendre de la copie, en me laissant bien souvent sur le carreau après avoir extirpé tout le jus qu'ils désiraient. On ne m'avait jamais appris à dire non, alors au début j'acceptais toutes les demandes d'entrevue. Pour mon plus grand malheur.

On a parlé de mon audace, de mon courage, et on a vanté ma détermination. Mes amis trouvaient tous que j'avais beaucoup changé, que je n'étais plus la même, que je semblais vivre à nouveau. Et c'était vrai. Je m'étais libérée de cette épée de Damoclès qui planait au-dessus de ma tête. Je me sentais transformée. Je devenais un exemple pour de nombreuses autres victimes d'agressions sexuelles. Mais je ne savais pas encore si je voulais revenir dans le show-business et y plonger tête première comme je l'avais fait précédemment. On n'efface pas l'enfer du jour au lendemain. Je comprenais le pourquoi, il me fallait maintenant trouver le comment continuer à vivre. Chose certaine, je voulais profiter de ma fille, la garder près de moi, la protéger, la voir grandir sereinement. Elle représentait mon équilibre psychologique.

***

Prendre la parole pour rectifier certaines choses est devenu aujourd'hui un geste nécessaire, libérateur, et c'est ce que je souhaite faire dans ce livre. J'ai voulu me protéger pendant les dix ans qui ont suivi ma dénonciation, en appuyant sur le couvercle de la marmite pour ne pas qu'elle explose. Mais ce fut une mauvaise stratégie sans doute, car ce n'est pas moi qui contrôlais l'intensité du feu, de sorte que la marmite a explosé à quelques reprises, bien malgré moi. Le temps est maintenant venu de lever le couvercle et de laisser parler mon âme. Personne ne le fera à ma place. Le temps est venu de me libérer de certains tabous. Et de répondre à certains détracteurs.

Il faut se mettre dans ma peau pour comprendre dans quel état de vulnérabilité je me trouvais alors. Il n'y avait pas, à l'époque, de vague comme on en connaît aujourd'hui, avec cette déferlante de dénonciations, notamment à travers le mouvement *#BeenRapedNeverReported* (Agression non dénoncée). Dénoncer mon agresseur — le plus important imprésario du Québec et véritable parrain du showbiz québécois, celui dans les mains desquelles de nombreux artistes venaient manger ou rêvaient de manger, celui qui te « bookait » aux quatre coins du Québec et te faisait passer à la radio, à la télévision ou dans les meilleures salles de spectacle du Québec — alors qu'il était en situation de pouvoir et que j'étais mineure représentait un acte de bravoure immense, et je pèse mes mots en disant cela.

Je me demande toujours aujourd'hui comment j'ai pu traverser le Rubicon, survivre à la tornade et arriver de l'autre côté de la rive sans trop de heurts, malgré les dommages irréversibles. J'ai dû suivre de nombreuses thérapies et je me suis confiée à des gourous qui ont failli avoir ma peau et celle de mon chum. J'ai dû m'en échapper de justesse pour ne pas mourir asphyxiée, et me convaincre de ne pas céder au découragement, celui qui mène directement au suicide.

Mais aujourd'hui, je me sens capable d'entrouvrir la porte et d'affronter les démons du passé, parce que je commence à voir la lumière au bout du long tunnel. C'est à ce prix que je survivrai. Pour certains, je serai toujours celle qui a détruit, par pure méchanceté, la carrière du plus prestigieux imprésario du Québec, qui avait mérité de l'ADISQ deux Félix, l'un comme producteur de l'année et l'autre pour souligner l'ensemble de sa carrière artistique. À les entendre, tout aurait pu continuer comme avant : je n'avais qu'à accepter ses excuses en privé et une somme d'argent symbolique et garder le silence pour toujours.

∗∗∗

Ce n'est pas pour rien que le présent livre s'appelle *Les chemins de ma liberté*. Je ne veux pas nécessairement remuer le passé et tout ce qu'il contient de boue et de douleur, l'essentiel a été écrit dans le livre de Michel Vastel, *Briser le silence*, paru en novembre 2005, mais je peux facilement imaginer qu'on ne pourra pas y échapper. Trop de zones grises, trop de non-dits, trop d'injustices, trop de méchancetés balayées rapidement sous le tapis subsistent. Je ne veux pas non plus régler des comptes avec qui que ce soit. Le prix à payer pour effacer ma souffrance ne sera jamais assez élevé. Mais il y a des limites à demeurer cantonnée dans le rôle de la victime. J'ai été une victime pendant une vingtaine d'années et ce n'était pas un rôle que j'avais accepté de jouer. Je ne jouais pas la comédie, je souffrais atrocement, je mourais à petit feu. Maintenant, je veux m'en sortir, je veux guérir et prendre les moyens pour y arriver afin de pouvoir, un jour pas très éloigné, répandre le bien et l'espoir autour de moi et accompagner ma fille dignement et sans honte dans sa vie d'adulte. Avec ce livre, je veux montrer tout le chemin que j'ai parcouru jusqu'à aujourd'hui.

Dénoncer la pédophilie, en montrant du doigt l'agresseur, n'est pas une chose facile. Je ne savais pas dans quoi je m'embarquais lorsque j'ai décidé de rompre le silence. Je ne veux pas m'attribuer une médaille de courage, mais on comprend facilement que ce n'est pas avec plaisir que l'on comparaît devant public, dans une cour de justice ou devant des médias, pour dénoncer son agresseur. Parlez-en aux autres victimes d'agressions sexuelles et elles vous diront la même chose. Je l'ai fait non pas comme s'il s'agissait d'une mission ou d'une vengeance; je l'ai d'abord et avant tout fait pour moi et ma fille, pour pouvoir me regarder dans la glace sans honte et pour être utile à d'autres victimes qui n'osent pas encore raconter l'horreur. Car ces violences, ces agressions, ces trahisons ne disparaissent jamais. Des années plus tard, elles me reviennent en tête, elles m'habitent, elles m'accablent, elles me dégoûtent et elles m'empêchent de jouir de la vie en toute sérénité. Les dommages sont irréversibles et je continue à craindre de possibles représailles, de nouvelles violences. Le fantôme est toujours là, mais je m'en suis libéré.

J'ai entendu certaines personnes, dans l'entourage immédiat du parrain, mettre en doute les événements traumatisants que j'ai vécus et dire qu'il y a avait « trop de zones grises dans tout cela » pour leur accorder une quelconque crédibilité. De plus, les souffrances et les meurtrissures que j'ai subies après ma dénonciation ne doivent certainement pas encourager les victimes à faire leur *coming out*. Pour ma part, briser le silence ne fut pas un long fleuve tranquille, même si cela s'est avéré être un acte vital et libérateur.

***

Je veux également dénoncer l'usage que certains policiers font des cas de pédophilie qui leur sont signalés. Certains policiers, m'a-t-on raconté, iraient jusqu'à dire à la victime : « Ne fais pas ta petite Nathalie Simard », comme pour la dissuader d'aller de l'avant dans sa dénonciation et pour banaliser l'agression. On ressent souvent un mélange de mépris et de fausse compassion. Pourtant, je dois dire que je me sentais en sécurité, peut-être pour la première fois de ma vie, lorsque j'ai décidé de dénoncer mon agresseur. Les policiers, dans un premier temps, m'ont parfaitement encadrée pour que je puisse me rendre au bout du processus de dénonciation. J'avais peur et ils m'ont protégée. Je me sentais seule et ils m'ont accompagnée. On a même, par la suite, formé des policiers pour traiter spécialement et adéquatement des cas de pédophilie et d'agressions sexuelles.

Malgré tout, de nombreuses femmes victimes d'agressions sexuelles que j'ai rencontrées, à travers ma fondation ou dans les conférences que j'ai données un peu partout, m'ont fait part d'aberrations.

Heureusement, il y a eu dans mon entourage de vrais justiciers, des anges gardiens qui m'ont aidée et qui ont résisté aux pressions de toutes sortes. L'un d'eux s'était même fait offrir une somme alléchante, cent mille dollars, pour faire disparaître la preuve accablante, c'est-à-dire les aveux de mon agresseur enregistrés à son insu par la police dans ma maison. Ce policier a refusé l'offre lorsqu'il a su le nom de la victime. C'est tout à son honneur, car sans cette preuve, mon agresseur s'en serait certainement tiré, en raison de sa notoriété. Il faut dire que ma plainte s'était rendue très loin, jusqu'au bureau du ministre de la Justice.

Deuxième partie
LES ANNÉES DIFFICILES

C'est le groupe Québecor qui m'a en premier approchée en 2004, plus précisément Claire Syril, qui était présidente de TVA Publications. Claire Syril m'avait déjà interviewée à quelques reprises alors qu'elle était journaliste à *Échos Vedettes*. On semblait donc au courant, bien avant le procès, que j'avais dénoncé mon agresseur, et Québecor voulait me persuader de lui accorder la primeur. Comment Québecor l'avait-il appris, alors qu'il y avait une ordonnance de non-divulgation de mon nom ? Cela demeure encore un mystère pour moi. La rumeur circulait néanmoins qu'il s'agissait bel et bien de moi. L'affaire était suffisamment grosse pour qu'on m'envoie de nombreux émissaires pour tenter d'obtenir l'exclusivité.

Un projet de livre et une grande entrevue étaient envisagés. Plusieurs personnes, en effet, sont venues me voir pour me persuader de signer un contrat d'exclusivité avec ce groupe de presse. Je ne savais qu'en penser, moi qui étais si habituée à ce qu'on pense et décide à ma place. Finalement, Jacques Michel, qui était un collaborateur de longue date et en qui j'avais toujours eu confiance, m'a fait rencontrer Luc Lavoie qui, à l'époque, avait une grande influence chez Québecor. J'ai finalement accepté leurs conditions et signé leur contrat, qui était d'une durée de cinq ans.

Pour que ces différents projets fonctionnent, il fallait d'abord que soit levée l'ordonnance de non-divulgation de mon nom. C'est aussi à ce moment-là qu'est née l'idée de créer une fondation qui porterait mon nom et qui serait consacrée aux enfants victimes de pédophiles. J'avais donc une bonne raison de demander à la cour de lever l'interdiction me concernant. J'allais pouvoir sensibiliser les enfants et les parents en parlant publiquement de mon expérience. Cela a fait partie de ma thérapie.

Même si je ne me sentais pas encore prête à faire le saut, sur les conseils de Luc Lavoie j'ai également déposé une poursuite au civil de 1,2 million de dollars contre mon ex-gérant. J'aurais préféré retarder cette échéance afin de bien retrouver mes esprits et une certaine sérénité et prendre le temps de bien faire les comptes. Je n'étais pas prête à livrer cette nouvelle bataille, je me sentais encore comme une petite fille qui venait de retrouver un pan de sa liberté, et tout cela m'apparaissait trop rapide. Mais on m'a un peu poussée à aller de l'avant avec cette poursuite contre mon agresseur. Pour ce faire, il fallait donc que je sorte de l'anonymat. J'imaginais que cela allait se savoir de toute façon et qu'il valait mieux que ce soit moi qui en fasse l'annonce publiquement.

Avec la collaboration des avocats de Québecor, je me suis donc adressée au tribunal pour faire casser l'ordonnance de non-divulgation de mon nom. C'était une décision lourde de conséquences, car elle concernait toute ma famille. Même si, après la condamnation, tout le monde dans les médias mentionnait déjà mon nom, même si les sondages me désignaient comme la victime de cet imprésario, aucune confirmation officielle n'était venue corroborer les rumeurs. Désormais, l'ouragan médiatique frapperait de plein fouet bien malgré eux tous les membres de ma famille.

En mai 2005, le juge accepta donc que soit levée cette interdiction, malgré l'opposition de mon bourreau alors emprisonné. C'était un premier pas nécessaire. Je me sentais libérée du même coup. Le silence était désormais réellement brisé, je n'aurais plus à me cacher derrière un anonymat qui ne me servait aucunement, mais qui servait plutôt à celui qui m'avait agressée. À partir de ce moment-là, je fus prise en charge par Québecor, qui veilla à ce que je ne manque de rien.

Québecor assurait aussi ma sécurité et engagea une équipe de gardiens qui me protégeait, jour et nuit. Ils ont de plus fait aménager un poste de garde, à l'extérieur de ma résidence. Je n'en demandais pas tant, mais les événements se bousculaient et la nuit venue, je craignais le pire. La présence de ces gardes me rassurait et ils m'accompagnaient également dans tous mes déplacements.

Le 26 mai 2005, j'acceptai une première entrevue. Cette activité faisait partie de mon contrat avec Québecor. Le livre n'était pas encore publié, mais Michel Vastel y travaillait, après m'avoir rencontrée à plusieurs reprises et avoir recueilli mon témoignage. Québecor m'a proposé une première grande entrevue et j'ai choisi de la faire avec Paul Arcand, en raison de sa notoriété et de son professionnalisme. Il avait la réputation de ne pas faire dans la dentelle et maintenant que je m'étais libérée de mon lourd secret, je pouvais enfin l'affronter. L'entrevue devait être diffusée sur le réseau TVA.

La journée fut chargée en émotions. Nous avons dû nous déplacer à plusieurs reprises pour échapper aux caméras et paparazzis qui me pourchassaient. C'était ma première confession en public et je savais que mon agresseur, du fond de sa prison, m'entendrait raconter les sévices qu'il m'avait fait subir. Je n'avais pas droit à l'erreur, je ne pouvais pas être évasive. Je me sentais sur la corde raide. Cela a été une grande délivrance et le plus beau cadeau de ma vie. Le patron de TVA m'a dit après l'enregistrement de l'émission: « Les gens seront surpris du drame de Nathalie Simard. C'est épouvantable, pire encore que tout ce qu'on a pu s'imaginer. » Paul Arcand affirma quant à lui: « Nathalie est une femme fragile, mais libre. » Les médias confirmeront l'immense intérêt du public pour le drame que j'avais vécu. Pour la première fois je révélais à mon public la vérité sur les années d'agression dont j'ai été victime. L'entrevue exclusive de Paul Arcand, diffusée à TVA un jeudi soir, a attiré 2,48 millions de téléspectateurs, soit une part de marché de 74 %. Tout de suite après cette émission spéciale, Paul Arcand m'a appris qu'il était en train de réaliser un documentaire sur les voleurs d'enfance et il m'a proposé d'en interpréter la chanson-thème et j'ai accepté sur-le-champ. C'était quand même tout un adon que je choisisse Paul Arcand pour m'interviewer sans savoir qu'il préparait un documentaire sur la pédophilie. Ce fut le début d'une collaboration. Je lui ai demandé de devenir le président du conseil d'administration de ma future fondation et il a tout de suite dit oui.

J'ai fait ensuite une courte apparition à l'émission *Star Académie*, en septembre 2005, où j'ai chanté *La vie me tue*, une chanson composée par Claude Dubois pour le documentaire de Paul Arcand, *Les voleurs d'enfance*. L'émotion était palpable. Julie Snyder était l'animatrice et ma complice. Elle me présenta en ces termes : « Elle chante ce soir pour que tous les enfants qui se sont tus soient enfin entendus. » À la fin, les spectateurs, réunis au studio Mel's, se sont levés et j'ai eu droit à des applaudissements nourris. Un tel accueil me réconcilia avec mon métier et me réconforta dans ma décision d'avoir levé le voile sur mon identité. Cela faisait plusieurs années que je n'étais pas montée sur une scène, devant public, pour y chanter. J'étais émue jusqu'aux larmes. Les applaudissements résonnèrent longtemps dans mon cœur encore frêle et ébranlé, ce qui m'a aidé à reprendre davantage confiance en moi. Pour la première fois de ma vie, j'avais pris une décision par moi-même sans consulter qui que ce soit. J'avais déjà travaillé avec Claude Dubois, mais cette nouvelle expérience a été des plus réconfortante. Julie Snyder s'est montrée quant à elle très bienveillante à mon égard et a pris soin de moi et de mon image. Elle et son équipe ont tout mis en œuvre pour que je me sente rassurée. Par exemple, quand elle est arrivée dans ma loge, elle m'a offert un beau bijou. J'ai découvert en cette femme une grande sensibilité.

＊

À cette époque, à la maison, les résultats scolaires de ma fille s'en ressentaient. J'ai demandé à ma bonne amie Ginette de l'aider à réussir sa cinquième année. Peu après ma rupture avec Alain, le père d'Ève, j'ai rencontré cette femme qui est devenue rapidement une amie exceptionnelle. Bref, entre mes hauts et mes bas, Ginette est demeurée une amie sincère et indéfectible pendant dix-sept ans. Elle venait chez moi presque tous les jours de la semaine et ma fille travaillait avec elle dans la bonne humeur. À son contact, Ève a littéralement changé. Elle est devenue motivée et confiante, et je notais les changements dans ses résultats scolaires. « Une amie, c'est quelqu'un qui sait tout de toi et qui t'aime quand même », comme le dit l'écrivain américain F. W. Hubbard. Avec Ginette, j'avais droit à cela et beaucoup plus.

En septembre 2005, La fondation Nathalie Simard, qui avait pour objectif de venir en aide aux organismes qui soutiennent les victimes d'actes de pédophilie, a vu le jour. J'étais consciente que je représentais beaucoup plus qu'une porte-parole. J'étais aussi un symbole. Comme je ne connaissais rien aux lois et règlements d'une fondation, pas plus qu'à la structure, je me suis mise à lire beaucoup sur le sujet, mais certains membres de la fondation m'ont dit que c'était inutile de m'en faire et qu'eux me guideraient.

Le livre *Briser le silence* est paru quelques mois plus tard, en novembre 2005, juste à temps pour le Salon du livre de Montréal. Le succès fut instantané et énorme, et les échos ne se firent pas attendre. Je me sentais prête à affronter les regards et les remarques de mes fans. J'acceptai toutes les entrevues qu'on me proposait, et elles furent nombreuses. J'étais entre bonnes mains et l'éditeur contrôlait mon horaire. Il procéda d'ailleurs à plusieurs réimpressions du livre et, aux dernières nouvelles, il s'agirait d'un des plus grands best-sellers de l'histoire du Québec.

Puis, en décembre, ce fut la grande entrevue avec Claude Charron, pour le documentaire de quatre-vingt-sept minutes intitulé *Libérée : le choix de Nathalie Simard*, diffusé également sur le réseau de TVA/Vidéotron et réalisé par Yves Thériault. J'y refaisais mon parcours, de l'île d'Orléans jusqu'à la salle 3.05 du palais de justice de Montréal tout en répondant aux questions de Claude Charron. J'y racontais les différentes étapes de ma vie et de ma carrière et j'y parlais aussi des agressions de Guy Cloutier. Québecor m'avait aussi proposé de lui soumettre un projet d'émission de télévision, ce à quoi je me suis ensuite attelée, mais mon projet fut finalement rejeté. Pourtant, l'idée était bonne. Il s'agissait d'inviter une personne du public afin de lui faire vivre une journée mémorable avec son idole. Il va sans dire que je devais en être l'animatrice et mon titre de travail était *C'est qui ton idole?*

Un des moments forts de cette campagne de promotion fut sans contredit mon passage à l'émission *Deux filles le matin*, en mars 2006, soit quelques mois après la parution de mon témoignage et du documentaire avec Claude Charron. L'animateur et reporter Claude Charron, pour qui j'ai une grande admiration, faisait alors ses adieux à la télévision montréalaise. Il partait vivre et travailler en France pour au moins un an, disait-il, « un vieux rêve de jeunesse », tout en maintenant son lien avec le réseau d'information de TVA. Il faisait alors un dernier tour de piste pour saluer tous ses amis et collaborateurs.

Lorsqu'il m'aperçut sur le plateau du studio d'enregistrement, il se cacha le visage avec ses mains. Il venait d'éclater en sanglots avant même que j'entonne la chanson *L'hymne à la beauté du monde*, écrite par Luc Plamondon à partir d'une lettre laissée par la poétesse Huguette

Gaulin qui s'est immolée par le feu sur la Place Jacques-Cartier, en 1972, et qui a été popularisée par Diane Dufresne, une amie de l'ex-ministre Claude Charron. Tout le monde pleurait à chaudes larmes dans le studio, y compris les deux animatrices. J'ai eu peine aussi à contenir mes larmes. J'étais très stressée et je craignais comme la peste d'avoir des trous de mémoire, alors j'ai écrit quelques bouts de la chanson dans la paume de ma main. Je n'avais pas droit à l'erreur.

Julie Snyder m'offrit également de participer, comme invitée, à quelques spectacles de la tournée *Star Académie*, qui allait débuter en février 2006. Je chantais *Juste pour voir* de Boom Desjardins en duo avec Marc-André Fortin une des plus belles voix masculines du Québec, selon moi, et tous les académiciens se joignaient à nous à la toute fin de la chanson. Ce fut une aventure mémorable. Les spectacles étaient bien organisés et les artistes, attachants et talentueux. Les applaudissements et les cris de « bravo » du public, aussi bien au Centre Bell qu'au Colisée de Québec ou encore devant le Parlement de Québec, m'encouragèrent à poursuivre ma carrière.

Au cours de la même année 2006, Denise Filiatrault m'approcha pour me proposer le rôle de Thérèse dans *Le petit monde de Laura Cadieux*, une comédie regardée par plus de 1,2 million de téléspectateurs, écrite par cette grande dame des arts de la scène et inspirée de la pièce de Michel Tremblay, *C't'à ton tour, Laura Cadieux*. Je travaillais aux côtés d'acteurs chevronnés, mais je dois dire que Lise Dion et Véronique Le Flaguais furent mes coups de cœur. Ce fut une très belle expérience qui m'a fait découvrir des êtres humains à la fois tendres, compréhensifs et merveilleux.

***

Pendant les deux années qui ont suivi ma dénonciation, j'ai reçu de l'aide, des appuis et du soutien de la part du public, que mon gérant appelait odieusement «les rats». Les gardes du corps, fournis par Québecor, me trimballaient à gauche et à droite pour mes entrevues un peu partout à travers le Québec. Je sentais une immense empathie de leur part et ils symbolisaient ma nouvelle famille. Malgré tout, j'avais besoin de me retrouver seule, de me sentir responsable et de voler de mes propres ailes.

Je demeurais toujours dans ma maison de Roxton Pond, près de Granby, où avait eu lieu la confrontation filmée avec mon agresseur, et il me semblait que les portes du showbiz m'étaient encore ouvertes. On m'appréciait enfin pour ce que j'étais, une artiste, une chanteuse, une comédienne. Je me sentais redevenir une femme bien dans sa peau. En partenariat avec la Sûreté du Québec et le Centre d'aide aux victimes d'actes criminels (CAVAC), j'ai donné une trentaine de conférences un peu partout à travers le Québec, de la Gaspésie à la Côte-Nord, de l'Estrie à Gatineau, en passant par le Lac Saint-Jean et les Laurentides, surtout dans les écoles primaires et secondaires. À chacune de mes sorties publiques, j'étais accompagnée d'un policier de la SQ, de même que d'un enquêteur du service de police de la ville où j'étais. Les journaux locaux étaient aussi mis à contribution, tout comme les élus locaux, les chambres de commerce et les représentants des organismes communautaires.

Grâce à ma fondation, je rencontrais ainsi des victimes et des parents de victimes. Je voulais leur livrer le message qu'il était possible de s'en sortir. Je leur racontais qu'il fallait vaincre la peur du début, surtout lorsqu'il s'agit de se confier aux policiers pour porter plainte en nommant leur agresseur. Qu'il fallait chasser les sentiments de culpabilité qui nous envahissent, tout comme nos appréhensions et nos peurs. Je distribuais également des brochures d'information à l'intention des jeunes victimes pour qu'elles sachent qu'elles n'étaient pas seules. Il arrivait souvent qu'à la suite de ces conférences des gens présents dans la salle aillent dénoncer un agresseur. Ces conférences étaient comme une sorte de révélateur. J'étais prête à les accompagner et à les aider dans leurs démarches. Je sentais que je sauvais des vies en agissant de la sorte. Mission accomplie.

J'étais également la porte-parole de l'organisme Parents Secours, j'organisais des collectes de fonds pour les victimes d'agressions sexuelles et j'animais une émission de radio, tout en préparant un nouvel album.

Ces nombreuses activités occupaient tout mon temps et mes loisirs et je n'avais pas vraiment l'occasion de pleurer sur mon passé même si je me sentais extrêmement fragile. Je vivais à cent à l'heure. J'étais toujours suivie par un psychologue qui voyait à contrôler ma médication. Cette médication influençait grandement mon poids, mais je n'avais guère le choix de m'y plier. Je me disais que cela allait durer un temps seulement et que j'aurais amplement l'occasion, plus tard, de me rattraper en faisant de l'exercice.

Entre-temps, ma poursuite au civil contre mon agresseur se régla. Le gérant n'avait pas intérêt à faire traîner les choses et il souhaitait sûrement recevoir le moins de publicité possible. On m'accorda une somme, dont le montant ne peut être révélé et je dus remettre à mon avocat, Me Hogues, environ le tiers en frais d'honoraires. C'était un règlement final, comme si on pouvait tirer un trait définitif sur mon drame, comme si on pouvait, avec de l'argent, effacer tout un passé d'agressions sexuelles et d'usurpations de toutes sortes, un quart de siècle de peurs, de silences, d'humiliations, de chantage émotif et d'agressions. Comment comptabiliser de telles agressions contre une mineure ? Guy Cloutier ne m'avait-il pas dit, en m'agressant une autre fois à la sauvette, juste avant un spectacle, que lorsqu'il me verrait à la télévision ou sur scène, vêtue de cette robe de petite fille, il se masturberait en pensant à moi? Comment oublier ces paroles humiliantes, même dans mes retranchements les plus profonds?

Bien sûr, cette époque où la petite Nathalie, avec sa coupe de cheveux à la «petit page», jouait sur scène était révolue, mais ces paroles résonnaient toujours dans ma tête. Comment vivre une vie de couple normale lorsqu'on ne peut se défaire ni oublier de telles grossièretés malsaines qui tuent le plus beau de l'amour et qui remontent à la surface sans qu'on le veuille? Le jour du règlement de ma poursuite au civil, mon agresseur poussa sûrement un gros soupir de satisfaction, car il s'en sortait relativement bien, avec une somme dérisoire. Des «peanuts» pour le parrain, quand on pense à tout ce que je lui ai fait gagner et à tout ce que j'aurais dû recevoir. Le jour du règlement, Guy Cloutier, qui était membre d'un club de golf anglophone de Montréal, où personne ne semblait le connaître, avait sablé le champagne pour célébrer sa victoire. Il avait craint de devoir payer le triple. Dans ce club sélect, où il pensait passer incognito, il y a eu un employé, un francophone, qui a aussi feint de ne pas le reconnaître lui parlant en anglais sans accent, mais qui a été choqué par son comportement fantasque.

***

À l'été 2006, un homme, Éric Dubois, entra dans ma vie pendant environ un an et demi. Éric était un promoteur de spectacles et allait être propriétaire d'une discothèque à Granby pour les 12-17 ans. Il s'occupait également de sonorisation et d'éclairage. Je ne connaissais pas vraiment qui était ce beau parleur, mais je lui ai fait confiance. De prime abord, je le trouvai gentil et d'agréable compagnie, et je fis appel à ses services à l'occasion d'une collecte de fonds dans le canton de Granby où j'habitais. Nous nous sommes revus et, un soir, je l'invitai à souper chez moi. Je fus étonnée de son empressement à vouloir gérer ma carrière. Je lui expliquai que je ne voulais pas mélanger les choses et que je voyais d'un mauvais œil qu'une relation amoureuse se transforme en relation d'affaires. Mes réticences calmèrent quelque peu ses ardeurs.

Puis, les choses se sont précipitées et Éric est finalement devenu mon gérant. Il m'a présenté sa sœur, Édith, qui était éplorée à la suite d'une séparation. Elle pleurait beaucoup et était désemparée. Comme elle semblait sans malice, je lui ai offert de demeurer chez moi avec ses deux enfants, le temps qu'elle aille mieux. Je voulais qu'elle soit bien entourée et ça me faisait plaisir de l'aider.

Après trois mois de vie de couple avec Éric, je nous ai offert un voyage d'une semaine à Riviera Maya, au Mexique. Ce devait être un voyage d'amoureux, sur le bord de la mer, dans un décor envoûtant. Effectivement, l'endroit était enchanteur. Nous mangions, le soir, sous un ciel étoilé, à la lueur de bougies scintillantes, tandis que des mariachis chantaient des sérénades romantiques. Éric semblait toutefois insensible à ces délicatesses et il s'endormait sur sa chaise sans que nous puissions échanger quoi que ce soit. Je me suis dit qu'il n'était pas l'homme que je cherchais pour partager ma vie. J'avais besoin de beaucoup plus.

À notre retour, je lui ai fait part de ma déception et de mon désir de me séparer, tout en souhaitant demeurer amie avec lui. Il s'est excusé, m'a dit des mots doux auxquels je n'ai pas été insensible et je lui ai donné une seconde chance. La lune de miel a duré quelques semaines, puis tout est redevenu comme avant. Il semblait insensible à mes manifestations d'amour. Lorsque je le prenais dans mes bras, il s'en défaisait rapidement et me disait : « Est-ce donc la seule chose dont tu as besoin ? » Je me sentais rejetée, triste et surtout déçue par son attitude, car ce n'est pas ainsi que je concevais les relations amoureuses.

Ses parents venaient souvent nous rendre visite à la maison, alors que sa sœur et ses deux enfants habitaient toujours avec nous. Je sentais que ma maison était littéralement envahie : les vêtements traînaient partout, le désordre régnait dans toutes les pièces et je n'avais plus cette tranquillité dont j'avais besoin lorsque je rentrais en soirée après une dure journée de travail. Bref, je ne me sentais plus chez moi.

Depuis peu, Éric gérait une discothèque pour les 12-17 ans à Granby. Les adolescents s'y retrouvaient pour danser, sans consommer d'alcool. Mon chum semblait prendre un plaisir fou à y travailler. Un jour, mon amie Ginette et moi sommes allées visiter l'endroit. Nous avons été estomaquées de voir de très jeunes filles, vêtues de tenues provocantes, dansant sans retenue. Cela me choquait, d'autant plus que j'étais engagée dans des causes contre la pédophilie. Je lui ai alors fait remarquer qu'il devrait réfléchir aux conséquences que cela pouvait avoir sur mon travail et le sien et qu'il devrait à tout le moins imposer un code vestimentaire à ces jeunes filles et garçons d'âge mineur qui fréquentaient la discothèque. Mais il n'a pas daigné tenir compte de mes remarques et tout a continué comme si de rien n'était.

***

Au même moment, mon agresseur, lui, sortait déjà de prison avec une libération conditionnelle sous le bras, après avoir purgé un peu plus du tiers de sa peine. Je n'en revenais pas qu'il ait pu obtenir si rapidement une libération. Où est la justice? Ce pédophile avait été pris la main dans le sac, comme on dit. Dans de telles circonstances, mieux valait qu'il se montre repentant et qu'il accepte de suivre une thérapie, condition d'ailleurs à laquelle il ne pouvait pas échapper. Il savait fort bien que cela allait accélérer sa «guérison» et sa libération conditionnelle. Et ma libération, à moi, quand viendrait-elle? Si j'avais eu au départ l'impression que justice avait été rendue, je réalisais désormais que c'était bien peu payé pour tout le mal qu'il m'avait fait, même si aucune sentence ne pouvait me redonner ce qu'il m'avait enlevé.

Ma fille Ève était maintenant en cinquième année et ses notes étaient très bonnes dans toutes les matières, grâce au travail assidu de Ginette. Comme j'étais très occupée, j'avais aussi embauché Adèle, qui prenait soin d'Ève, préparait les repas et s'occupait de plusieurs tâches ménagères. Je lui faisais confiance et j'écoutais ses précieux conseils. Comme ma vie professionnelle semblait sur une bonne lancée, j'ai demandé à mon médecin de diminuer ma médication.

Mais l'embellie fut de courte durée. Il faut dire que je vivais dans un tourbillon incessant : ma relation avec Éric battait de l'aile, ma maison était envahie, je ne trouvais plus la sérénité nécessaire pour réfléchir et prendre les bonnes décisions. J'avais l'impression d'être sur une pente descendante. J'étais facilement irritable, cela peut se comprendre, et surtout j'étouffais. J'avais de nombreux projets en chantier qui exigeaient que je leur consacre du temps, alors, pour ce qui était de ma vie privée, je n'avais guère le temps d'y mettre de l'ordre. Pourtant, cela pressait et devenait de plus en plus nécessaire. Je voulais qu'Éric parte, que sa sœur et ses deux enfants partent, je voulais retrouver ma tranquillité, mais comme j'étais incapable de prendre une décision, je laissai les choses s'envenimer.

***

J'ai alors littéralement sombré dans une dépression majeure qui a duré plusieurs années. J'avais peur que mon ex-gérant se venge, d'une façon ou d'une autre. Je voulais sortir de mon isolement, sans y parvenir. Et puis je pensais à tous ces artistes qui se disaient prêts à passer l'éponge, à oublier les crimes du parrain. Leurs réactions me tuaient un peu plus. J'avais l'impression d'être une petite David qui luttait, seule, contre le tout-puissant Goliath, un être odieux que je n'arrivais pas à oublier et qui était toujours présent dans ma vie, malgré sa condamnation, malgré son éloignement, malgré ma volonté. Mon squelette dans le placard avait fait son *coming out*, mais il ne voulait pas abandonner les lieux. Je n'en pouvais plus. Mon agresseur, lui, allait pouvoir reprendre sa vie normale et fêter son anniversaire dans un restaurant connu du centre-ville de Montréal, en compagnie d'amis, comme il le ferait en mai de l'année suivante, selon ce qu'avait rapporté la journaliste du *Journal de Montréal*, Gabrielle Duchaine-Baillargeon. Il ne semblait pas connaître le sentiment de honte.

Pour mes trente-huit ans, Éric décida de m'organiser une fête. Il invita plusieurs de ses amis, des gens que je ne connaissais pas ou très peu. Il savait pourtant que je n'aimais pas recevoir des étrangers dans ma maison. Il avait cependant invité un très bon ami à moi, Joël Legendre. J'étais contente de le revoir, mais je me sentais mal à l'aise car pendant toute la soirée, nous étions sollicités par les amis d'Éric qui désiraient se faire prendre en photo en notre compagnie. Nous étions devenus de véritables bêtes de cirque. C'était gênant. Qui plus est, Éric racontait à tous ses amis qu'il était chez lui, ici, dans ma maison, et que tout lui appartenait. Pendant ce temps, je me taisais et j'endurais.

Tous les vendredis, sur les ondes de M105, à Granby, j'animais une émission radio intitulée *Vendredi avec Nathalie*. Ce fut une belle expérience, mais qui sera malheureusement trop courte. Un peu plus tard, j'ai eu le bonheur de coanimer une autre émission radio en compagnie de Jean-Michel Anctil, sur les ondes de 107,3 Cité Rock Détente, où je remplaçais Dominique Bertrand. Une autre belle expérience que j'ai beaucoup appréciée.

Ma fondation ne fonctionnait pas comme je l'aurais souhaité. Je trouvais que les réunions du conseil d'administration n'étaient pas assez fréquentes et que, par conséquent, trop peu de projets voyaient le jour. Quand une idée originale surgit, il faut pouvoir en discuter le plus rapidement possible. Or le fonctionnement de la fondation empêchait ce type de réaction. J'ai alors proposé de répondre aux appels téléphoniques et aux courriels quelques heures par semaine, ce qui donnerait une bonne image de la fondation et me permettrait d'être plus souvent sur le terrain et de répondre directement aux attentes des gens qui s'adressaient à nous. Mais on rejeta ma proposition en alléguant que tout le monde voudrait s'adresser directement à moi et que ce serait beaucoup trop pour moi.

Quelque temps plus tard, j'ai demandé à tous les membres de la fondation de démissionner. Ce n'était pas de gaieté de cœur que je l'ai fait, mais je ne pouvais pas accepter un fonctionnement aussi bancal. Il y a certes eu de grandes réalisations faites par ce premier conseil d'administration, mais les choses se sont gâtées avec le temps. On m'avait conseillé d'accepter la présidence de ma fondation alors que moi j'avais voulu que ce soit Paul Arcand. Je me voyais davantage comme la porte-parole et non pas comme la présidente, alors j'ai cédé à leurs volontés.

De toute façon, ils ne consacraient que trop peu de temps à la fondation et les projets se réalisaient au compte-gouttes. J'ai donc formé un nouveau conseil d'administration, avec des personnes qui disposaient d'une plus grande flexibilité. Me Mona Laflamme, qui m'avait déjà défendue dans une cause contre Yves Campeau, me proposa sa sœur, Sophie. J'acceptai et Sophie Laflamme devint la nouvelle directrice de ma fondation. Il était temps d'agir rapidement en faveur des enfants victimes d'agressions sexuelles.

En octobre 2007, j'ai lancé mon nouvel album, *Il y avait un jardin*, avec Musicor, une société de Québecor Média. Mon dernier album remontait à 1997. Je me sentais entre de bonnes mains, d'autant que Julie Snyder et les Productions J appuyaient le projet. J'avais d'ailleurs besoin d'être bien encadrée, car je n'avais pas enregistré d'album depuis fort longtemps. Le lancement a eu lieu au Théâtre Saint-Denis, dans une salle bondée, et j'y ai chanté, entre autres, la chanson *Il y avait un jardin* de Georges Moustaki.

On trouvait, sur cet album, mes chansons coups de cœur, entre autres celles de Gilles Vigneault, Jim Corcoran, Dennis DeYoung, Serge Lama, Francine Raymond, Michel Fugain et, bien entendu, Georges Moustaki. Je me suis rendue dans les îles grecques pour y retrouver mon ami Jacques Michel sur son voilier, puis à Paris, sur l'île Saint-Louis, pour y rencontrer Georges Moustaki, de même que Michel Fugain pour y enregistrer une émission spéciale sur le lancement de mon nouvel album. Ce furent de très beaux moments que je n'oublierai jamais. Par la suite, une émission spéciale a été diffusée sur le réseau TVA, au cours de laquelle je m'entretenais avec certains de mes auteurs préférés.

Avec le disque, Québecor avait pensé organiser une tournée du même nom, *Il y avait un jardin*, à travers les principales villes du Québec. Comme Éric s'y connaissait en sonorisation, je l'ai embauché pour cette tournée. Cette tournée était pour moi l'occasion rêvée pour relancer ma carrière de chanteuse, mise en sourdine depuis que mon gérant m'avait envoyée en congé pour une période indéfinie. Julie Snyder, des Productions J, était l'initiatrice de cette tournée et elle était prête à y investir beaucoup d'argent et d'énergie.

Éric savait fort bien que j'étais très fragile, que je prenais des antidépresseurs et que je suivais une thérapie. — N'avait-il pas dit en une d'un magazine que j'étais facilement manipulable? — En d'autres mots, ce n'était pas la grande forme pour moi. Aussi en profitait-il pour prendre toujours un peu plus le contrôle de ma vie et de mon emploi du temps, un peu par ma faute. Je n'avais pas été habituée à discuter de contrats et des détails des tournées. Cela m'épuisait au plus haut point. Auparavant, c'était toujours mon agent qui s'occupait de tout cela. Mes rapports avec Luc Lavoie, de Québecor, se déroulaient dans la bonne entente, mais je ne comprenais pas grand-chose aux budgets et aux finances. De plus, ma médication me rendait amorphe et je préférais déléguer à Éric les discussions sur les détails non seulement de la tournée mais aussi de ma fondation, de mon livre, de mon album et de mes projets. Éric Dubois fut donc amené à prendre plus de place et à négocier mes ententes avec Québecor, sans ma présence.

J'étais alors, je le répète, en pleine dépression et je prenais des antidépresseurs pour soigner ma maladie. Pourtant, je n'étais vraiment pas une fille à pilules; j'avais en temps normal peur de prendre du Tylenol. Mais je n'avais pas le choix, car j'avais des engagements. Comme on dit, « *the show must go on* ». La médication avait ses bons et ses mauvais côtés. Elle me soulageait, mais elle était un couteau à deux tranchants. Les effets secondaires étaient nombreux : je prenais du poids, j'étais fatiguée, je voulais toujours dormir, j'étais plus émotive et mon cerveau avait de la difficulté à fonctionner.

Mais j'étais assez lucide pour me rendre compte que j'étais mal entourée et que j'avais de la difficulté à faire les bons choix. Même mes proches m'avaient abandonné au moment même où j'avais le plus besoin de leur soutien. À qui faire confiance, alors ? J'avais donné le meilleur de moi-même depuis que j'étais toute petite, j'avais toujours voulu aider ceux qui m'entouraient lorsqu'ils étaient dans le besoin et voilà que je découvrais un monde peuplé de gens mal intentionnés, prêts à toutes les bassesses, et pour qui le mot entraide ne signifiait rien.

J'ai toujours voulu démontrer que j'étais forte. Je ne sais pas pourquoi, mais c'est ainsi que je me voyais. J'apprenais mes textes en faisant du cardio, sans jamais m'arrêter. Mon entraînement pouvait durer jusqu'à deux ou trois heures par jour. Il n'y avait rien à mon épreuve. Mais avec ma dépression, il en était tout autrement : je me sentais handicapée et je devais adopter un tout autre rythme.

J'avais fait comprendre à Édith, la sœur d'Éric, qu'elle ne pouvait plus vivre chez moi avec ses deux enfants. Mais comme Éric était de moins en moins disponible, en raison de ses nouvelles responsabilités, j'ai finalement offert à une amie de m'accompagner dans mes déplacements. Pendant qu'elle conduisait, je pouvais gérer mon horaire et mes rendez-vous. Je lui ai également offert de faire partie de l'équipe des habilleuses pour mes spectacles.

Éric a fini par me brouiller avec mon éditeur Québecor en répandant toutes sortes de rumeurs à mon sujet. Pourtant, j'appréciais le travail que Québecor avait fait et je lui étais reconnaissante pour tout ce qui s'était passé depuis que j'avais décidé de briser le silence. Je n'avais rien à leur reprocher. Mais il réussit à semer la zizanie avec ceux qui jusqu'ici m'avaient très bien servie, dont Julie Snyder, à qui je n'ai jamais rien eu à reprocher. Je sentais que Luc Lavoie se faisait distant avec moi et que son ton avait changé, mais je ne savais pas pourquoi et, comme d'habitude, je ne posais pas de question. J'ai appris par la suite qu'Éric leur avait laissé entendre que j'étais insatisfaite de leur travail, ce qui était faux. Tandis qu'à moi, il disait que je représentais un fardeau pour Québecor, qui ne souhaitait plus travailler avec moi. De la pure invention.

Éric réussit donc à me convaincre que j'allais perdre beaucoup d'argent si je continuais avec Québecor et qu'il valait mieux nous produire nous-mêmes si nous voulions faire plus d'argent. Pendant ce temps, la date du premier spectacle approchait à grands pas. Il devait avoir lieu à La Tuque, le 26 janvier 2008. J'étais toujours sous contrat avec Québecor, mais comme Éric avait semé le doute, j'avais décidé de créer ma propre compagnie de production, NathalieÈve. Bientôt, la rupture avec Québecor fut officialisée, bien que pendant deux ans tout avait roulé sur des roulettes. Éric devait maintenant coordonner une soixantaine de spectacles à travers le Québec, où j'allais être accompagnée de choristes, de musiciens et de quatre danseurs. Il devenait le directeur technique de ma tournée. Ce n'était pas une mince affaire.

Je n'avais aucune raison de me méfier d'Éric, du moins pas encore. Je lui donnais même parfois ma carte de débit pour qu'il puisse effectuer de petits achats pour le spectacle. J'avais confiance en lui. Comme il restait de nombreux détails à régler, j'ai demandé à Joël Legendre, dont j'appréciais beaucoup le professionnalisme, s'il pouvait assurer la mise en scène du spectacle. Il accepta. Cela me rassurait de le savoir à mes côtés. J'avais participé au *Match des étoiles*, cette année-là, et j'en avais profité pour approcher certains danseurs avec qui j'avais eu beaucoup de plaisir à travailler pour qu'ils fassent partie de mon spectacle.

Au dernier moment, alors que j'étais en pleine répétition, ma chef d'orchestre, qui m'avait été recommandée par Musicor, m'annonça qu'elle ne voulait plus faire partie du spectacle. J'étais prise de panique et j'ai communiqué avec Québecor, qui m'a proposé aussitôt une autre personne pour la remplacer. Plus la date fatidique approchait, plus je me rendais compte qu'Éric ne savait pas administrer correctement les différentes facettes d'une telle production. Par exemple, il était incapable de diriger les artistes sur scène, alors que ceux-ci se donnaient corps et âme pour faire de cette aventure une réussite totale.

Mes danseurs ne connaissaient même pas leur horaire. Éric avait négligé de les informer sur les différentes étapes de la tournée et ils en étaient réduits à lire *Le Journal de Montréal* pour connaître les dates et les lieux des spectacles à venir. J'en étais gênée. Par ailleurs, rien n'avait été prévu au cas où l'un des danseurs aurait à s'absenter, pour une raison ou une autre. Un seul danseur manquant et ce serait la catastrophe.

Cette situation faisait grandir mon angoisse. Pourtant, je devais me concentrer sur ma performance et mettre mes énergies à la bonne place. Il fallait m'entraîner, apprendre mes textes, répéter avec les musiciens et les danseurs, faire les essayages, les enchaînements, les changements de costumes, etc. Le manque de professionnalisme d'Éric m'embêtait au plus haut point.

De temps en temps, il me tenait au courant des sommes d'argent déboursées jusqu'à maintenant pour la tournée qui n'avait pas encore commencé. Jusqu'à ce qu'il m'annonce qu'il ne pouvait plus assumer les frais et qu'il était à sec. Au même moment, j'apprenais que la prévente ne fonctionnait pas ici et là et qu'aucune publicité n'avait été placée pour annoncer mes spectacles. Pourtant, il m'avait assuré qu'il était pleinement en contrôle, qu'il avait tout budgété et calculé. Il s'était manifestement trompé et il était de toute évidence qu'il n'avait pas vraiment d'expérience. Ainsi, pour la location des salles de spectacles, il n'avait calculé que le coût de location, sans tenir compte des autres frais afférents comme la sécurité, le service de bar et de restauration pendant l'entracte, etc.

Je m'apercevais qu'Éric n'était, en fait, qu'un beau parleur et qu'il pouvait faire croire tout ce qu'il voulait à qui il voulait. J'étais à la fois en colère, découragée et pas fière de moi. Alors, sans plus attendre, j'ai décidé d'assumer toutes les dettes avant même le début de la tournée, pour respecter mes engagements, écrits et verbaux. Je ne voulais surtout pas ternir ma réputation. Tout le monde devait y trouver son compte, c'était la moindre des choses.

Incapable d'organiser ma tournée et manquant d'argent, Dubois fit appel à quelqu'un qu'il avait connu lors d'une transaction précédente, Lévis Guay. Lévis l'avait financé pour un projet d'importation de produits provenant de l'Indonésie. Il m'affirma qu'il me l'avait déjà présenté, mais je ne m'en souvenais pas. Il me dit qu'il lui avait déjà proposé à une époque de coproduire avec lui des spectacles, mais qu'il ne s'était pas montré intéressé. Lorsqu'il me rappela qu'on avait déjà mangé avec lui et sa femme Audrey dans un restaurant de la région du Saguenay–Lac-Saint-Jean, je me suis souvenue de lui. Lévis m'avait même raconté, à cette occasion, qu'il avait mangé de la barbe-à-papa avec moi alors que nous étions très jeunes.

Éric a donc communiqué avec Lévis pour lui demander s'il souhaitait produire ma tournée. Nous nous sommes donc rencontrés tous les trois et j'ai expliqué la situation, en mettant les cartes sur table. Lévis me regardait intensément comme pour bien s'assurer que je disais la vérité. Cela était tout à fait normal puisqu'il s'apprêtait à investir une somme d'argent importante. Finalement, ce fut la compagnie de Lévis et de sa conjointe, Les Productions G7, qui furent les principaux bailleurs de fonds de cette tournée.

L'entente fut conclue en décembre 2007, mais il était désormais trop tard pour mettre en marche le premier spectacle prévu un mois plus tard à La Tuque. Tout le monde était déçu, mais nous devions concentrer nos efforts sur le spectacle suivant, qui devait avoir lieu à Granby, le 29 février 2008. Éric Dubois, au lieu de reconnaître ses torts, a accordé une entrevue à un journaliste pour lui dire que je préférais commencer ma tournée à Granby plutôt qu'à La Tuque. Dans les faits, comme Éric ne s'était pas occupé de la promo, la salle allait être vide et il fallait annuler ou reporter le spectacle. J'étais en colère puisqu'il se défilait en me faisant porter la responsabilité de cet échec.

Qui est Lévis Guay? À l'époque, il vivait avec Audrey Sergerie avec qui il avait eu deux filles. Conciliant et énergique et il était l'un des bons amis de Robert Doré, le créateur et le producteur du spectacle *Québec Issime*, au Saguenay. Il m'inspirait donc confiance sur le plan professionnel. Lorsqu'il s'engageait dans quelque chose, on pouvait être certain qu'il allait finir par triompher. Il m'apparaissait également être un habile gestionnaire, ce qui m'avait tant fait défaut jusqu'à maintenant. Originaire de Dolbeau, c'était un touche-à-tout hyperactif, avec un style très rock'n'roll. De plus, il avait le goût de s'investir davantage dans le milieu culturel, ce qui ne pouvait qu'être encourageant pour la suite des choses.

Malheureusement, il avait beaucoup de pots cassés à ramasser. Éric avait fait les choses à l'envers. Au lieu de vendre le spectacle aux diffuseurs, il s'était contenté de louer des salles. Sans le concours des diffuseurs, la tournée était vouée à l'échec, peu importe la notoriété de l'artiste.

Je me suis donc concentrée sur mon premier spectacle, qui devait avoir lieu au Palace de Granby en ayant l'espoir que Lévis puisse miraculeusement revirer la situation. De son côté, Lévis était découragé et faisait son possible, mais il me tenait à l'abri de ses inquiétudes. Un jour, il a fait appel à Joël Legendre et lui a demandé conseil. Certes, la tournée était mal structurée, mais il était trop tard pour faire marche arrière. Mon amie Joël lui avait conseillé d'au moins poursuivre la tournée jusqu'au spectacle de Montréal.

Pendant la générale, qui se déroulait très mal et où rien ne fonctionnait, j'ai décidé de mettre un peu soleil dans la pratique en interprétant un pot-pourri disco. Tout de suite après, Lévis est monté sur scène et m'a prise dans ses bras. Il voulait sûrement me signifier qu'il avait été ému et qu'il avait apprécié ce qu'il venait de voir. J'étais très touchée de son geste et je ne voulais y voir qu'une marque de satisfaction à mon endroit, sans plus.

Le soir de la première, j'ai dû enchaîner le spectacle du début à la fin pour la toute première fois, ce qui est un non-sens. En temps normal, il y a toujours deux ou trois générales avant la grande première d'un spectacle d'une telle envergure. Joël Legendre, qui en faisait la mise en scène, devait être présent le soir de la première qui devait avoir lieu à La Tuque, mais il ne pouvait l'être le soir de la vraie première. Joël avait beaucoup de peine de ne pas pouvoir être présent et moi aussi. Dans toute cette improvisation, l'exercice allait être très risqué, aussi bien pour moi que pour les techniciens, les musiciens et les danseurs, et la fluidité du spectacle allait nécessairement souffrir. C'était la première fois que je ressentais une aussi grande tension. Il faut dire également que je n'étais pas montée sur scène, dans un vrai spectacle, depuis fort longtemps. Mais j'avais du métier, je n'en doutais pas, et s'il le fallait j'allais improviser, comme je l'avais déjà fait, pour être à la hauteur des attentes de mon public. Tout un défi! Je voulais tellement que mon public ressente toutes mes émotions et qu'il soit fier de moi! Finalement, le résultat ne fut pas décevant et je pus chanter avec mon cœur. Malgré quelques petits anicroches, le spectacle fut un succès, mais je dois une fière chandelle à toute mon équipe, qui était composée de véritables professionnels.

Malgré mon manque de préparation, la tournée démarra sur les chapeaux de roue et les salles étaient remplies. J'étais à la fois enthousiaste et angoissée. Je ne m'arrêtais pas de me reprocher d'avoir écarter Julie Snyder au profit d'Éric Dubois. Mais à l'époque, j'étais encore très manipulable et fragile et j'étais convaincue qu'Éric Dubois, qui était alors mon conjoint, voulait tout faire pour me rendre heureuse alors qu'il faisait le contraire. À mon insu, il démolissait ma réputation et je continuais à l'aimer.

Les manifestations d'amour de la part du public, qui manifestement m'avait suivie depuis le début de ma carrière, me stimulaient au plus haut point, et c'est sans parler de la critique, qui était élogieuse. Ma fille, Ève, avait fait la rencontre du fils de Lévis Guay, Frédéric, et tout de suite, j'avais senti que le courant passait bien entre eux, même s'ils n'avaient que treize ans. Une belle amitié semblait se nouer et cela me rassurait. Au fond, je rêvais que Lévis devienne mon nouveau conjoint, mais je ne croyais pas que je pouvais lui plaire. Je ne croyais pas que je pourrais me retrouver un jour avec cet homme, d'autant qu'il était déjà en couple et qu'il avait deux enfants avec sa conjointe.

À chaque spectacle, je ressentais les mêmes appréhensions, les mêmes craintes. Même si j'étais en dépression, cinq minutes avant de monter sur scène je devenais une autre femme, en pleine possession de mes moyens, et je me persuadais que je pouvais me surpasser. Rien ne transpirait de mon mal de vivre. Les six premiers spectacles, de Baie-Comeau à Sept-Îles en passant par le Théâtre Saint-Denis, où eut lieu le dernier spectacle, furent un franc succès. Je me lançais, à la grâce de Dieu, comme on dit, devant des salles combles qui m'encourageaient chaleureusement de leurs applaudissements nourris. On disait que mon spectacle était bien rodé, touchant et mémorable. Le lien n'avait donc pas été rompu entre mon public et la critique.

***

Après le soir de la première, alors que je revenais à la maison, j'ai fait part à Éric de petits problèmes techniques qu'il faudrait corriger pour les spectacles suivants, chose tout à fait normale. Mais Éric l'a mal pris. Il s'est mis en colère et m'a lancé: «Peux-tu te contenter de ce que tu as, au lieu de chialer sur de tels détails insignifiants?»

Je me suis mise à pleurer et je n'en revenais pas de sa réaction agressive. Pourtant, il n'y a rien de plus légitime que de vouloir corriger quelques petits problèmes de scène ou d'arrière-scène. Un vrai directeur technique ne se fâcherait pas et s'efforcerait de corriger le tir pour que le spectacle soit impeccable. D'ailleurs, il n'est pas rare qu'un technicien monte sur scène pour régler un problème et que le public devienne complice en riant bien souvent. Je lui ai alors répondu que c'était terminé, que je ne voulais plus travailler avec lui et que désormais je ne communiquerais qu'avec le producteur. Ces paroles ont eu l'heur de le calmer. J'ai su plus tard qu'il passait son temps à faire le trouble et il commençait peut-être à comprendre que j'avais des doutes sur qui il était réellement. Chose certaine, j'étais convaincue de son incompétence.

J'avais découvert que cet homme ne me respecterait jamais et qu'il me faisait plus de mal que de bien. Je revoyais ma vie à ses côtés, je songeais à nos discussions sans fin, à ses mensonges et aux sommes d'argent retirées de mon compte bancaire. Chaque fois que je le questionnais à ce propos, il feignait la surprise, ne se souvenait plus de rien et ne me fournissait aucune explication plausible. Éric n'était pas l'homme qu'il me fallait, ni en amour, ni en amitié, ni en affaires, c'était de plus en plus évident.

Le lendemain de notre altercation, je me rendis à Drummondville pour préparer le prochain spectacle. À mon arrivée, Lévis m'annonça que l'équipe au grand complet voulait remettre sa démission si Éric continuait d'être présent dans le décor. Lévis était catégorique, il fallait prendre une décision maintenant, sinon on risquait le pire. Sur le coup, j'ai souhaité que ce soit Lévis qui prenne la décision à ma place tellement je me sentais lasse et dépassée par les événements, mais je me suis ressaisie, c'était à moi de prendre cette décision.

J'ai longuement regardé Lévis dans les yeux et il m'a dit qu'il allait lui-même le remercier de ses services. Éric décida de partir quelques semaines à Disney World, aux États-Unis. Nous allions discuter de la suite des choses, à son retour.

Après Granby et Drummondville, ce fut au tour de Sept-Îles. Lévis m'avait donné rendez-vous à Forestville, à plus de trois cents kilomètres de la destination finale. Nous allions en profiter pour jaser et faire le point sur la tournée. Ma fille n'arrêtait pas de me faire remarquer que Lévis Guay avait le béguin pour moi. Elle ne cessait de me le répéter : « Maman, je suis sûre qu'il t'aime pour vrai, cet homme-là. En plus, il est fin avec moi. »

Moi, je n'avais rien remarqué, car j'étais dans ma bulle. D'autres personnes dans mon entourage me disaient la même chose : « Allume, ma belle Nathalie ! Il est en amour avec toi, ce gars-là ! » Moi, je me demandais comment un aussi bel homme, qui connaissait de surcroît toutes les horreurs que j'avais vécues dans ma jeunesse, pouvait s'intéresser à moi. Pourtant, ces personnes avaient raison.

Quoi qu'il en soit, j'avais bien hâte de le revoir. Je me sentais bien quand je pensais à lui, mon cœur avait de petites palpitations et ces symptômes ne trompaient pas. Je le trouvais beau, gentil, dynamique, vaillant et, surtout, intelligent. Je le constatais à sa façon de travailler lors des répétitions. Il était débrouillard et il réglait tous les problèmes techniques qui pouvaient surgir à l'improviste, sans paniquer. En un mot, il était rassurant. Sans lui, jamais je n'aurais pu faire ces six spectacles.

Lorsque ma fille et moi sommes arrivées à Forestville, Lévis nous attendait et son regard en disait long sur sa joie de nous revoir, toutes les deux. Nous avons longuement parlé puis nous sommes repartis pour Sept-Îles. Il nous a invitées chez une de ses tantes. Cette tante et son mari avaient été très amis avec mon père. C'est sans doute cette proximité qui explique l'histoire de barbe-à-papa que j'aurais mangé en compagnie de Lévis, lorsque j'étais enfant. Cette nuit-là, une fois retournés à l'hôtel, Lévis et moi avons jasé jusqu'au petit matin.

Nous étions donc appelés à nous voir fréquemment, entre et pendant les spectacles. Nous discutions de choses et d'autres, et c'était toujours agréable. Nous apprenions à mieux nous connaître. Je sentais qu'il aurait voulu partager plus de moments avec moi, mais je résistais. Mon cœur disait oui, mais ma tête disait non. Pouvais-je encore faire confiance à un homme? Pouvais-je croire qu'un homme puisse me respecter, être fier de se monter avec moi, Nathalie Simard, celle qui a été souillée par un être abject? J'avais énormément de réticences, j'étais sur mes gardes, et je feignais de ne pas voir ce qui se passait autour de moi.

Je réalisais que, jusqu'à maintenant, j'avais plutôt essayé d'« acheter » l'amour, sans doute involontairement. Comme j'avais été naïve ! Je pensais que j'avais besoin de me racheter, pour compenser l'opprobre. Je ne me sentais jamais à la hauteur de l'autre et je me disais que je ne méritais pas d'être aimée, comme si j'étais indigne d'être aimée à cause de tout ce qui s'était passé depuis mon plus jeune âge. Me libérer de tous ces traumatismes n'était pas une chose facile, psychologiquement, émotivement et sexuellement. Je réalisais également que mes deux derniers conjoints avaient profité de moi, de mon nom, de ma générosité, de ma situation, de ma bonne humeur, et finalement de mon corps.

Pour la première fois, j'avais réellement envie de me laisser séduire, d'être en amour pour vrai. L'occasion se présentait maintenant, avec un homme comme Lévis. J'avais l'impression que j'attirais le malheur depuis toujours et qu'avec lui j'allais connaître le bonheur, une chose qui semblait impossible. Je ne pouvais pas me permettre de passer à côté d'une pareille occasion. J'avais bien besoin de l'amour pour panser mes plaies. Alors, entre Lévis et moi, ce fut le coup de foudre. Je m'en souviens, c'était à Sept-Îles, en pleine tempête hivernale.

Mais j'avais terriblement peur. Comment pouvais-je m'investir dans une nouvelle relation avec un homme, moi qui n'avais plus confiance en personne, surtout après la trahison d'Éric Dubois ? Le respect, je ne savais plus très bien ce que c'était, on ne m'avait jamais respectée, mais je savais, malgré tout, que je ne voulais plus jamais que cela arrive. Je n'avais jamais éprouvé une telle sensation auparavant. Il était le premier homme que je trouvais courageux. J'étais habitée d'étranges sentiments : un simple regard, un simple sourire, et je succombais. Soudainement, je voulais revivre, repartir à zéro. Effacer mon passé. Ces sentiments étaient nouveaux, mais j'avais terriblement peur de me faire avoir de nouveau et de souffrir encore une fois.

Je ne voulais rien précipiter. Si une relation amoureuse devait s'installer entre nous, il faudrait que cela se passe tout naturellement, sans précipitation. J'ai demandé à Lévis de prendre son temps, de régler ce qu'il avait à régler de son passé. Je ne voulais pas être responsable d'une séparation et être la méchante de service.

Lévis était en relation avec Audrey Sergerie depuis plusieurs années, mais il était malheureux en ménage. Il était demeuré avec elle pour ses deux filles. En plus d'avoir des enfants ensemble, tous deux avaient fait l'acquisition d'immeubles et d'autres biens, et si jamais nous décidions de nous unir, un jour, il faudrait que Lévis liquide toutes les affaires qu'il avait en commun avec Audrey. Il m'a dit qu'il pourrait tout régler dans un délai de six mois. Six longs mois, c'était beaucoup pour deux personnes en amour, mais j'étais prête à attendre. Je voulais que tout soit fait correctement, sans qu'il y ait de regrets.

Après le spectacle de Baie-Comeau, il a bien fallu revenir à la maison. Je suis donc retournée à Granby. Éric venait de rentrer de vacances et je lui ai demandé de partir, parce que c'était terminé entre lui et moi. Il s'en doutait bien et il n'a pas argumenté. De toute façon, il savait trop bien tout ce qu'il m'avait fait endurer au cours des deux dernières années.

J'ai découvert qu'Éric avait omis d'apporter les changements au contrat que j'avais signé avec Lévis. Deux des spectacles étaient produits par les Productions NathalieÈve et les autres étaient au nom des Productions G7. Tous les spectacles auraient dû être au nom de G7. J'ai encaissé les deux chèques émis au nom de mon entreprise pour ensuite les verser dans leur totalité dans le compte des Productions G7. Audrey Sergerie, qui était toujours associée à Lévis, cherchait à se venger. Audrey savait très bien qu'Éric n'avait pas fait les choses dans les règles de l'art. Malgré tout, elle passait son temps à m'appeler à toute heure de la journée et de la nuit. Elle était tellement hystérique qu'elle appelait même ma fille Ève sur son cellulaire. Elle criait et proférait des menaces. Que faire? Argumenter? Je n'en avais pas la force. J'étais une survivante et j'avais besoin de m'accrocher à ma carrière artistique pour avancer. Surtout, je devais me concentrer et être à la hauteur des attentes de mon public. J'ai donc dû déménager pour échapper à son harcèlement.

Lévis fut incapable d'attendre six mois, comme il l'avait prévu, et au bout de quelques semaines, il est venu me retrouver. Audrey savait qu'il n'était plus heureux avec elle. Lorsqu'ils en parlaient, les discussions tournaient au vinaigre. Bien sûr, dans une séparation, chacun a ses fautes et sa part de responsabilité, mais leur vie de couple était devenue insupportable. Il avait souvent voulu la quitter, mais il était demeuré avec elle pour les enfants et il se réfugiait dans le travail pour éviter le plus possible les situations orageuses à la maison, surtout en présence des enfants.

Audrey a affirmé publiquement par la suite que Lévis avait quitté le foyer familial sans même dire au revoir à ses deux filles. Mais c'est justement à la demande de leur mère qu'il avait accepté de partir sans les prendre dans ses bras ou les embrasser. Il n'aurait pas voulu les alerter inutilement ou leur faire de la peine, et puis, il croyait aussi qu'il allait pouvoir les revoir rapidement… Le processus de séparation s'annonçait des plus pénible.

Je l'accueillis les bras grands ouverts et nous avons célébré son anniversaire ensemble. Ma vie avait connu jusque-là un parcours sinueux et je voulais en changer le cours pour vivre des moments d'accalmie, d'amour et de paix. Nous allions vivre à fond nos passions, sans regarder dans le rétroviseur, en habitant sous un même toit. Une vision qui me faisait énormément de bien. Un cadeau du ciel, un baume sur mes cicatrices encore à vif.

Je rêvais d'une nouvelle vie avec mon amoureux, loin d'ici et de ceux qui nous voulaient du mal. Je me voyais vieillir à ses côtés. Nous parlions d'organiser des soupers-spectacles et avions toutes sortes d'autres projets, comme nous acheter une maison dans le Sud. On rêvait. Je me sentais revivre. J'ai appris à mieux le connaître. Et puis, on venait un peu du même coin. René, Régis et mes autres frères et sœurs sont nés à Ferland-Boileau, près de Chicoutimi. J'étais la seule de la famille à avoir vu le jour à l'Île d'Orléans.

Lévis était parti de la maison familiale à l'âge de quatorze ans. Il avait donc appris très jeune à se débrouiller seul. Heureusement, il avait reçu l'aide de ses frères et de sa sœur. Il se qualifiait de bon père de famille. Il avait toujours essayé d'aider ses proches, mais il reconnaissait qu'il avait connu, lui aussi, son lot de fausses amitiés et qu'il avait été victime de gens qui étaient davantage intéressés par ses biens que par son amitié.

Peu à peu, l'intérêt du public à l'égard de mes spectacles commença à s'essouffler. À quoi était-ce dû, je ne saurais le dire. Peut-être à la publicité et à la promotion, qui me semblaient déficientes. Une chose était certaine, ma tournée commençait à battre de l'aile. Si au début les spectacles se vendaient bien, on ne pouvait pas en dire autant de la soixantaine de spectacles qui avaient été programmés pour la suite de la tournée, à l'exception du spectacle prévu à La Baie, au Théâtre du Palais municipal où 2 000 personnes attendaient le spectacle. Mais avec les pressions malsaines d'Audrey Sergerie, nous avons été contraints d'annuler la représentation. Ouf! Que de vengeance l'habitait.

Personne ne pouvait accepter de perdre de l'argent et il valait mieux arrêter l'hémorragie dès maintenant. Ce que je fis. J'avais investi une bonne partie de mes économies dans cette tournée, plus de cent mille dollars. Lévis, quant à lui, avait investi trois fois plus. Qui plus est, je ne me payais pas, je ne me versais aucun cachet. L'argent n'était pas ma principale motivation, mais il y avait des limites à ne pas franchir pour ne pas hypothéquer dangereusement mon avenir et celui de ma fille. Et puis, à cause de sa séparation, Audrey Sergerie est devenue des plus belliqueuse et elle m'a accusée des pires maux, mais surtout de malhonnêteté. Elle disait que je puisais dans les recettes du spectacle. C'était pourtant tout le contraire, car c'était moi qui déboursais de l'argent pour pouvoir assurer la continuité de la tournée, qui me tenait à cœur.

En vertu de ce même contrat que j'avais signé avec les Productions G7, j'avais un droit de veto pour m'opposer à certaines clauses, si je jugeais que c'était essentiel et important de le faire. Je me suis donc servie de ce droit de veto pour décider de mettre un terme à ma tournée. Et puis, j'étais à bout, je n'en pouvais plus de tous ces rebondissements. Le 3 avril 2008, j'annonçais dans un communiqué que j'annulais tous mes engagements. Je mettais un terme à ma vie publique et j'annonçais que le spectacle au Théâtre Saint-Denis serait le dernier.

Au total, je n'aurai fait que six spectacles : Granby, Drummondville, Sept-Îles, Baie-Comeau, Québec et Montréal. Mon spectacle au Théâtre Saint-Denis serait donc mon spectacle d'adieux. Je croyais que j'étais une femme forte et j'avais voulu me prouver que je pouvais effectuer un retour sur scène après dix-sept ans d'absence, mais je me rendais compte que j'étais encore très fragile — toutes les menaces d'Audrey m'épuisaient énormément — et que j'avais besoin de me retirer quelque peu pour préserver ma santé mentale et pour favoriser un mode de vie plus authentique que celui où j'étais plongée à ce moment-là. Puis, il y avait ma fille, que je voulais protéger face à tout ce tumulte toxique. Et il y avait aussi l'aspect financier, non négligeable.

J'entendais trop de méchancetés autour de moi. C'était inouï. On se moquait de moi. On murmurait que Guy Cloutier était la preuve évidente que sa présence était nécessaire pour assurer la continuité et la bonne marche de ma carrière et que sans lui je n'étais rien. On se réjouissait de mes déboires financiers, amoureux, artistiques. J'étais étonnée de l'ampleur de la campagne de salissage qu'on menait contre moi. Tous les journaux et médias se mettaient de la partie. On disait n'importe quoi à mon sujet et je devais toujours prouver le contraire. Tout cela était épuisant à la longue. Je devais toujours me défendre, j'étais sur la corde raide, et le moindre faux pas pouvait m'être fatal. Je savais que le public n'était pas dupe, qu'il avait beaucoup d'empathie pour moi. Il savait que je sortais d'un moment difficile, que je remontais la pente, mais c'est toujours moi qui avais le fardeau de la preuve et qui devais me défendre de toutes ces attaques.

Voilà qu'Audrey Sergerie s'était alliée à Éric Dubois et ils étaient déterminés à nuire le plus possible à ma carrière. Audrey avait même eu le culot de dire à Lévis dans les termes les plus vulgaires qui soient qu'elle ferait tout en son pouvoir pour que je ne puisse plus jamais chanter au Québec et que Lévis ne puisse plus jamais y faire des affaires. C'était un véritable complot. On voulait détruire ma réputation, mettre fin à ma carrière artistique, et c'est un peu ce qui se produisit. Je me disais qu'il y avait des limites à m'agresser de la sorte et je ne me donnais pas pour vaincue. Il me resterait toujours, en dernier recours, mon droit de parole et tout n'avait pas été dit. Cela, Audrey et Éric le savaient. Guy Cloutier était-il étranger à cette campagne de salissage ? Pourquoi tout d'un coup, les médias se reviraient contre moi ? Pourquoi donnait-on autant de crédibilité aux allégations d'Audrey Sergerie et Éric Dubois ? Pourquoi avais-je le fardeau de la preuve et non pas eux ? D'ailleurs, l'avenir a prouvé que toutes leurs accusations étaient sans fondement. Cette période de ma vie m'a traumatisée d'autant que j'avais toujours été respectée par les médias.

Entre-temps, je me préparais pour mon spectacle d'adieu au Théâtre Saint-Denis. Ce n'était pas toujours facile, car Audrey faisait tout pour nous pourrir l'existence. La sérénité n'était pas au rendez-vous, c'est le moins qu'on puisse dire. Elle appelait souvent à la maison pour engueuler Lévis. J'avais droit à ma part de bêtises. Je pouvais comprendre sa colère, mais je ne supportais pas la calomnie et la médisance, car j'en avais souffert une bonne partie de ma vie. Lorsqu'elle m'a accusée d'avoir pigé dans les recettes des spectacles, sans preuve aucune, ce fut la goutte d'eau qui fit déborder le vase. M'accuser de fraudes et de tricheries, c'en était trop, elle venait de franchir mon seuil de tolérance.

Mais il y eut plus grave encore. Pendant la tournée, elle osa faire un arrêt de paiement sur une transaction de dix-sept mille dollars, une somme destinée à payer les employés et techniciens du spectacle. Elle se livrait à une véritable guerre. J'ai dû débourser cette somme en puisant dans mes propres économies pour que ces personnes, qui n'avaient rien à voir avec nos conflits personnels, soient payées. Ces artisans donnaient le meilleur d'eux-mêmes pour que la tournée soit un franc succès et ils ne méritaient pas d'écoper injustement. Sans eux, pas de spectacle. J'ai dû débourser cent vingt-cinq mille dollars pour assurer la tenue des spectacles de Sept-Îles, Baie-Comeau et Québec. Mais j'en étais fière.

On aurait dit qu'Audrey Sergerie avait perdu la raison tant sa colère la rendait méchante. Elle en rajoutait chaque fois que l'occasion se présentait et elle a même tenté de me faire chanter. Elle m'a dit que certains médias étaient prêts à payer le gros prix en échange d'informations sur ma vie privée. Une telle attitude était tout simplement dégueulasse. Elle aurait pu lancer n'importe quelles rumeurs à mon sujet, mais c'est moi qui aurais été ensuite dans l'obligation de me défendre et de démentir les ragots. Lorsqu'on est une personnalité publique, la nouvelle, fausse ou vraie, constitue toujours une manchette et les médias ne se font pas prier, en général, pour la publier, quitte à s'excuser ensuite. Comme si ce n'était pas suffisant, elle a eu le culot de nous annoncer que pour mon dernier spectacle, elle serait assise juste devant moi, dans la quatrième rangée. Un geste évident de provocation et d'intimidation.

Cette vie m'était de plus en plus insupportable. Et puis il y avait ma fille, Ève, maintenant âgée de quatorze ans. J'aspirais à autre chose. J'avais grand besoin de décrocher, peut-on encore en douter? J'ai décidé alors de vendre tous mes biens à l'encan, y compris ma maison de Roxton Pond. Je voulais tirer un trait. Lévis fit la même chose de son côté. Il laissa tous ses biens entre les mains d'Audrey, pour qu'elle puisse voir aux besoins de ses deux filles. Il avait convenu avec elle qu'il allait les appeler fréquemment et qu'une fois installé dans notre nouvelle demeure, avec son fils et ma fille, il allait inviter ses filles durant les vacances de fin d'année et l'été. J'ai dit à mon amoureux de ne pas s'en faire et que je pouvais fort bien faire vivre notre famille, avec le peu d'argent qu'il me restait. L'amour compenserait la précarité de notre situation.

Vendre ma maison ne fut pas facile. C'est moi qui l'avais choisie et aménagée selon mes goûts.

C'était mon petit paradis sur terre, mon oasis. Ça me brisait le cœur. Mais, en même temps, c'était un lieu symbolique, chargé de souvenirs peu réjouissants. C'est ici que Guy Cloutier avait fait ses aveux incriminants, c'est dans cette maison que j'avais vécu avec Yves Campeau puis avec Éric Dubois. Alors, il valait mieux, pour ma santé mentale, de changer de décor. Je me voyais dorénavant loin d'ici, où je pourrais m'accomplir différemment, mettre mes talents à profit d'une autre façon. Je me voyais faire de la mise en scène dans une salle de spectacles d'un hôtel, loin d'ici. Qui pouvait prévoir ce qui m'attendait en coupant les ponts avec mon passé?

En vendant ainsi mes biens, je n'ai réalisé aucun profit, mais cela m'a permis de payer certaines dettes et d'en arriver à un arrangement avec Éric Dubois qui ne cessait de me harceler. Encore une fois, ce sont les avocats qui se sont servis les premiers. Sans rancune!

On en profitait pour lancer de nouvelles rumeurs à mon sujet. J'étais une grande dépensière. C'était plus ou moins vrai. Je devais tout de même entretenir ma garde-robe, car c'était mon métier de chanter et d'apparaître en public pour encourager certaines causes qui me tenaient à cœur. Bien paraître était une nécessité et non pas un luxe. J'étais toujours sous contrat avec Québecor et je ne désespérais pas d'y trouver un créneau et d'avoir, un jour, mon propre talk-show. Je savais que je n'avais aucun problème à interviewer les gens, à les écouter, à leur faire dire l'essentiel.

Par ailleurs, mon histoire d'agressions sexuelles s'était transformée en véritable saga. Les services policiers étaient inondés de plaintes d'enfants agressés sexuellement ou de parents qui portaient plainte au nom de leur enfant. Une véritable avalanche. Certains voyaient cela d'un mauvais œil. Les policiers ne savaient plus où donner de la tête et ils disaient bien souvent aux victimes qui portaient plainte qu'elles souffraient du « syndrome de Nathalie Simard », comme pour mieux les confronter et rejeter leur plainte. Je m'étais transformée en maladie, en repoussoir, ni plus ni moins. Devant un tel délire, j'ai dû refuser, à la dernière minute, d'être la porte-parole du CAVAC (Centre d'aide aux victimes d'actes criminels). Ce fut quelqu'un de ma fondation qui se présenta à ma place. L'organisme à but non lucratif m'en a voulu par la suite, car lorsque j'ai tenté de solliciter de nouveau son soutien, on ne m'a jamais contactée.

Lorsqu'on m'accusa de fraude, la situation devint insupportable. Cette accusation me faisait mal tout particulièrement, car je me faisais un point d'honneur d'être honnête et transparente. J'avais horreur des magouilles, d'autant que j'en avais été victime une bonne partie de ma vie.

***

Je ne voyais pas d'autre solution que partir. Quelques jours avant le grand départ, j'ai tenu à emmener Lévis à l'endroit où j'avais été élevée et où j'avais grandi, l'île d'Orléans. Je lui ai montré le couvent, mon école, l'église où j'avais été baptisée, ma maison. Puis, nous sommes allés souper au petit restaurant où papa passait ses soirées, « dans le bon vieux temps », le Château Bélair, aujourd'hui appelé La Goéliche. L'île d'Orléans me rappelle de précieux souvenirs et le village de Sainte-Pétronille où je suis née est l'un des plus beaux de l'île. Situé à l'extrémité sud-ouest, sur les rives du fleuve Saint-Laurent, face à la ville de Québec, il offre un panorama grandiose. Comme le chantait si bien Félix Leclerc dans *Le tour de l'île* : « *Pour supporter le difficile et l'inutile / Il y a le tour de l'île, quarante-deux milles de choses tranquilles / Pour oublier les grandes blessures de sous l'armure.* » C'est un des plus beaux coins de pays au Québec et il restera gravé à jamais dans mon cœur et dans ma mémoire.

Troisième partie
LA PARENTHÈSE DOMINICAINE

Plus rien ne me retenait au Québec. Je voulais refaire mes forces, retrouver la paix, la sérénité, le bonheur, et la seule façon d'y parvenir, c'était de quitter tout ce tumulte. J'en étais rendue à craindre tout le monde autour de moi. Je n'avais plus confiance en personne. Le matin, je n'arrivais plus à me lever et c'est ma fille qui venait me secouer, ouvrait les rideaux pour laisser pénétrer la lumière et m'incitait à me lever avec son sourire et sa bonne humeur. J'avais tant donné d'amour autour de moi, et tout ce que je recevais en échange, c'était de la haine ou des moqueries. J'avais énormément de peine et tant d'incompréhension m'habitait.

Comme j'avais mis fin à ma tournée, remercié tous mes collaborateurs, non sans pleurer, et annulé tous les spectacles à venir, plus rien ne me retenait ici. J'ai décidé de me réfugier en République dominicaine avec Lévis et ma fille. Frédéric, un des enfants de Lévis, fut également du voyage. J'ai cru que ce serait la meilleure manière de me débarrasser des démons de mon passé, de me faire oublier pendant un certain temps, de connaître enfin le bonheur mérité et d'éviter la tempête médiatique et la présence permanente des journalistes à l'affût d'un nouveau ragot. J'en ai profité pour diminuer ma médication, croyant le moment venu de m'émanciper. Nous allions louer une maison à Punta Cana, près de la mer. L'endroit serait enchanteur.

Malheureusement, l'annonce de mon départ pour la République dominicaine provoqua une nouvelle tornade médiatique. Si le public avait bien compris le sens de mon geste, il m'aurait approuvée, j'en suis certaine. Il aurait compris mon désir de partir ailleurs, très loin, pour décrocher. Il se serait dit qu'une telle parenthèse dans ma vie ne pouvait que me faire du bien. Le public savait que j'avais accompli un bon travail en dénonçant mon agresseur, en créant une fondation pour venir en aide aux victimes d'agressions sexuelles, en allant dans les écoles pour sensibiliser les jeunes aux actes d'agresseurs sexuels et pour inviter les victimes à ne pas avoir peur de briser le silence. Mais ce fut mal expliqué, on parla plutôt de fuite, d'exil, de cachette. Comme si j'avais honte de quelque chose d'odieux.

Notre souhait était tout simplement de louer une maison près de la mer, en République dominicaine. Nous avions mandaté l'attaché de presse qui s'occupait de la promotion de mon album *Il y avait un jardin* pour réserver nos billets d'avion ainsi que la villa et pour faire tous les arrangements nécessaires. Il connaissait la région et s'y faisait construire une maison. Mais pour des raisons hors de notre contrôle, c'est plutôt à Puerto Plata que nous nous sommes installés. Nous étions quelque peu déçus, car cette région est très pauvre et nous allions difficilement pouvoir y lancer quelque projet de cabaret.

Ma volonté était que ma fondation demeure active pendant mon séjour à l'étranger et que les recettes provenant de la vente de mes biens soient versées à ma fondation. Mais j'ai dû changer de programme au dernier moment, car un spécialiste me conseilla de la fermer temporairement durant mon absence. Ma fondation jouissait d'une bonne réputation et il ne fallait surtout pas que quelqu'un puisse l'entacher. En mon absence, le pire pouvait se produire. J'ai donc suivi ces conseils et ma fondation est devenue inactive pour une période indéterminée.

Vers la fin de ma tournée, j'avais dû remercier la nouvelle directrice de ma fondation, Sophie Laflamme, car elle avait eu des paroles malheureuses à mon endroit. Alors que je lui avais expliqué longuement les raisons de ma décision de partir et de fermer temporairement ma fondation, elle a donné une tout autre explication de mon geste dans une entrevue accordée à TVA. Elle aurait dû s'en tenir aux faits, à la vérité, telle que j'avais pris la peine de la lui expliquer. Je me demande encore ce qui s'est passé pour qu'elle agisse de la sorte. J'avais toujours l'intention d'aider les victimes d'agressions sexuelles et la forme que pouvait prendre cette aide allait changer quelque peu, en fonction de nouvelles circonstances. Et je me suis fait le devoir de me rétablir avant de reprendre ce flambeau d'une importance capitale pour moi.

Un peu avant mon spectacle d'adieux et avant mon départ pour la République dominicaine, j'ai tenu à revoir Luc Lavoie, chez Québecor, pour tenter de savoir ce qui s'était réellement passé entre nous et pour voir s'il était possible d'annuler mon contrat de cinq ans avec cette entreprise, étant donné que j'envisageais de m'offrir un repos total pour quelques années. La rencontre avec Luc s'est bien déroulée, nos échanges ont été des plus courtois. Nous l'avons d'ailleurs invité à notre souper de départ après le spectacle de Saint-Denis. Il reconnaissait que la présence d'Éric lors de nos réunions n'avait pas aidé. Éric avait réussi à semer la zizanie et avait sans doute agi ainsi pour tenter de gérer ma carrière, d'autant que mon retour avait été grandement apprécié du public. Nous nous sommes serré la main, à la fin de la rencontre, et Luc s'est montré compréhensif.

Comme prévu, j'ai donné mon dernier spectacle le 18 avril au Théâtre Saint-Denis. J'ai remercié de tout mon cœur mon public, pour son amour indéfectible et son appui inconditionnel. Ce fut un autre grand moment d'émotion. Mais, en même temps, j'appréhendais le pire car je savais qu'Éric avait acheté une trentaine de billets, tandis qu'Audrey, comme elle l'avait promis, était assise dans la quatrième rangée, juste en face de moi. Je ne pouvais l'éviter. J'ai donc demandé la présence d'agents de sécurité dans la salle, au cas où…

Le lendemain, nous partions pour la République dominicaine en compagnie de ma fille Ève et Frédéric, le fils de Lévis. Nous avons été escortés par des gardiens de sécurité jusqu'à ce que nous soyons dans l'avion.

***

À Puerto Plata, nous avons dû nous rendre à l'évidence : nous ne pouvions pas réellement nous lancer dans une entreprise qui allait nous permettre de changer d'orientation. Il y avait très peu de commerces et l'endroit ne s'y prêtait guère. Tandis qu'à Punta Cana, une ville beaucoup plus importante, c'eût été possible. En fait, nous étions installés à Cabarete, un joli petit village près de Puerto Plata. Mais, en même temps, nous découvrions la pauvreté autour de nous. Ce fut un choc. De nombreuses maisons n'avaient que des toits de paille, les gens marchaient pieds nus et étaient pauvrement vêtus.

Cependant, nous appréciions la mer, le chaud soleil des Caraïbes, la chaleur et le farniente. Ève et Frédéric semblaient aux petits oiseaux, une belle relation amicale se dessinait entre eux. Lévis et moi étions follement amoureux. Et les Dominicains sont tellement adorables. Je me rappelle encore avec nostalgie la spontanéité de leurs sourires.

Ils ont beaucoup à nous apprendre. Le bonheur presque parfait. Que demander de plus ?

Nous avons profité de ce décor enchanteur baigné d'air salin et de la chaleur tropicale pour nous marier. C'était le 7 août 2008. Lévis est un homme bon, qui me respecte sans réserve, et je souhaitais que cet amour dure toujours. Ce mariage en est la preuve. Il a tout organisé pour que cette journée soit mémorable. Et ce fut féérique pour nous tous. La cérémonie a eu lieu en plein air sur le terrain d'un hôtel au bord de la mer. Cet endroit était paradisiaque puisque nous étions sur un cap au-dessus de la mer. La vue était magnifique. Lévis avait fait décorer tous les centres de tables, les pergolas et les gâteaux avec des fleurs blanches naturelles. Le magazine *La Semaine* avait couvert l'événement. À cette époque, une mauvaise nouvelle n'attendait pas l'autre. Il y avait eu une saisie avant jugement dans la cause qui m'opposait à Audrey Sergerie. Une semaine après notre arrivée en République dominicaine, la cour avait saisi 390 000 $ de mon compte de banque. Nous vivions dans l'insécurité totale.

Le soir du mariage a été un moment de trève. Une fois que les feux d'artifices se sont mis à illuminer le ciel, nous nous sommes apaisés. Lévis savait que j'adorais les feux d'artifices et il a voulu m'en mettre plein la vue. Ç'a été tellement réussi que *La Semaine* a reproduit les images des feux sur deux pages du magazine. En ce qui a trait à la bague, elle a fait fureur. Les membres de l'équipe de *La Semaine* faisaient des gageures sur sa valeur. Lévis et moi avions de la difficulté à contenir nos rires, car elle valait à peine 100 dollars. Il existe de très belles imitations sur le marché.

***

Dans ma tête, cette installation en République dominicaine ne devait durer que quelques années, le temps de me refaire une santé mentale et physique. Le soleil, la mer, la chaleur et l'amour devaient faire le reste. Mais, au Québec, on ne l'acceptait pas et on a commencé à s'agiter pour briser notre bonheur naissant.

Cette escapade en République dominicaine fut mal vue et on s'est déchaîné contre moi. On spéculait sur les véritables raisons de mon départ du Québec. On parlait d'un exil indéfini ou définitif, comme si je me coupais volontairement du monde. On allait jusqu'à dire que Lévis Guay avait enlevé son fils (pourtant sa mère nous avait signé une procuration qui nous autorisait à le garder auprès de nous). Ou encore que j'avais été enlevée par Lévis, que j'étais séquestrée sur une île et que très bientôt il allait m'abandonner après m'avoir dépouillée de tous mes biens. Quand allait-on arrêter de se déchaîner contre moi? Tout semblait bien orchestré pour me nuire et m'empêcher de m'épanouir. J'avais pourtant droit à ma vie privée. Pourquoi me voulait-on tant de mal? C'est sûr que j'avais fait des erreurs et que je n'étais pas toujours tombée sur des bons gars, mais ne pouvait-on pas donner le bénéfice du doute à Lévis. De mon côté, j'en avais assez de ce harcèlement, mais je savais que mon bonheur était auprès de lui et l'avenir l'aura prouvé. Il est toujours aussi aimant et respectueux. C'est une chance du bon Dieu de l'avoir rencontré.

Le 25 avril 2008, des médias annonçaient la fermeture officielle de ma fondation. Dans *Le Journal de Montréal*, on pouvait lire ceci :

« Trois ans à peine après sa création, la Fondation Nathalie Simard, destinée à soulager les victimes de pédophilie, ne survivra pas à l'exil de la chanteuse en République dominicaine. C'est Nathalie Simard elle-même qui a décrété, le 3 avril dernier, le sabordage de la fondation. Décidément, celle qui a fait ses adieux à ses fans le 18 avril aura fait le grand ménage dans sa vie.

La présidente de l'organisme, Sophie Laflamme, semblait sous le choc hier après-midi au moment d'en faire l'annonce. Dans la seule entrevue télévisée qu'elle a accordée à TVA, elle a qualifié la situation de "malheureuse". [...]

... Selon ce qu'a appris *Le Journal de Montréal* hier, ils ont tous, tour à tour, quitté leur poste au sein du conseil au cours de la dernière année. À l'automne 2007, la fondation a procédé à un grand changement d'administration...

Il resterait encore quelques dizaines de milliers de dollars dans les coffres de la fondation. L'argent sera versé à une vingtaine d'organismes.

Contrairement à certaines rumeurs, le départ de Nathalie Simard n'est pas lié à un cas de fraude avec l'argent restant dans la fondation.

Exilée en toute hâte avec le nouvel homme de sa vie, Nathalie Simard tourne la page sur un chapitre douloureux de son existence, mais le nouvel épisode soulève déjà des questions et des inquiétudes. Présentement poursuivie par son ex-conjoint, elle vient de quitter le Québec avec un homme qui a laissé derrière lui sa femme et ses enfants de 4 et 8 ans pour elle.

Le nouvel homme dans la vie de Nathalie Simard est Lévis Guay, un homme d'affaires de la région du Saguenay. Selon ce que nous avons appris, le 9 mars dernier, Lévis Guay a brutalement plié bagage pour amorcer une nouvelle vie avec Nathalie Simard, sans dire où il allait à ses proches. Depuis, ceux-ci sont sans nouvelles de l'entrepreneur. Il possédait un parc immobilier au Saguenay et le commerce "Liquidons Liquidation". Il habitait une luxueuse résidence à Saguenay, qui a été vendue en novembre 2007.

Autre tuile dans la vie de Nathalie Simard, elle est poursuivie par son ex-conjoint [Éric Dubois] pour 60 000 $. Selon les documents présentés par ce dernier à la Cour du Québec, il s'agirait de sommes prêtées à la chanteuse en 2007. Dans sa demande, Éric Dubois écrit : "*Il y a quelque trois semaines, madame Nathalie Simard m'a expressément mentionné qu'elle ne me paierait jamais ce qu'elle me doit.*"

En partant pour Punta Cana, Nathalie Simard a mis en vente sa résidence de Granby, d'une valeur de 310 000 $. Elle a également mandaté un encanteur qui a liquidé… tous les biens qu'elle possédait à sa résidence. […]

Le 19 avril dernier, soit la veille de l'encan, Éric Dubois demandait que soient réquisitionnées les sommes tirées de la vente des objets. Le demandeur craignait que sa créance soit mise en péril sans une saisie avant jugement.»

Toutes ces nouvelles venaient de me porter le coup de grâce. J'étais complètement effondrée par tant d'acharnement. C'était trop gros pour moi. Je n'ai pas eu d'autre choix que de laisser passer la tornade qui a failli avoir raison de ma vie.

Jusqu'à l'âge de trente-cinq ans, il a toujours fallu que je quémande ce qui me revenait de plein droit! D'avoir grandi dans le strict minimum m'a laissé cet esprit de partage et la capacité d'apprécier ce que j'ai au lieu d'en vouloir toujours plus. Je n'ai jamais profité de personne et je n'ai jamais utilisé mon nom pour profiter de quoi que ce soit non plus. Mais naturellement, avec ce que les magazines écrivaient sur moi, des gens pouvaient facilement penser le contraire et mal me juger. Tout au long de ma carrière, je me suis donnée corps et âme et j'étais la première à participer aux téléthons télévisés. J'ai consacré beaucoup de mon temps à des œuvres de charité. J'ai animé trois années consécutives le téléthon Enfant-Soleil. Tous ces gestes de générosité étaient balayés du revers de la main et on me faisait passer pour une voleuse, une fraudeuse.

Même si j'étais loin du Québec, c'était désolant d'entendre tout ce qu'on racontait sur moi. On ne prenait pas la peine de regarder l'autre côté de la médaille. Ma vie était étalée partout par des journalistes ou des chroniqueurs sans scrupules, qui ne prenaient même pas la peine de se renseigner avant de publier leurs sornettes. On n'hésitait pas à donner la parole à d'ex-compagnons de vie, qui en profitaient pour régler leurs comptes avec moi. Éric, Audrey et même Yves Campeau furent mis à contribution. C'était ridicule. La surmédiatisation était à son comble. Et comme ces nouvelles étaient diffusées sur des canaux officiels, le monde y croyait. Des gens finissaient par croire que j'étais réellement dérangée, un euphémisme pour ne pas dire folle. J'avais maintenant le fardeau de prouver mon innocence. Tout un contrat !

Je n'allais pas me laisser faire sans répliquer. Voici ce que *Le Journal de Montréal* écrivait dans ses pages, le 17 mai 2008 :

« Le dernier mois de travail de Jean-Luc Mongrain restera marqué par sa fameuse entrevue avec Nathalie Simard en République dominicaine. Un entretien où certains ont trouvé l'intervieweur trop doux. *"Ce n'était pas une commission d'enquête que j'allais faire là, j'ai été rencontrer une femme chez elle, pas dans un studio, c'est déjà une différence. J'ai donc rencontré une femme qui voulait parler, parce que les médias, depuis des semaines, faisaient une tempête autour de son départ, laissant entendre qu'elle était partie avec quelque chose. Nathalie Simard n'est pas une personnalité politique, elle n'organise pas notre société, elle n'a pas une fonction de gestion du bien public... C'est une femme qui demande la possibilité de se retrouver. Peut-être de façon malhabile, mais c'est tout"*, plaide-t-il. »

De plus, j'avais mandaté Me Tamaro, mon avocat, pour négocier avec l'éditeur Claude J. Charron qui dirigeait, entre autres, le magazine *La Semaine*, pour qu'il m'aide avec un projet de livre où je promettais de m'expliquer et de faire taire tous ces ragots qu'on s'acharnait à faire circuler à mon sujet. Malgré mon désespoir, j'étais bien décidée à me battre.

Comme on a pu le lire précédemment, Éric Dubois n'a pas tardé à déposer une poursuite contre moi pour un prêt qu'il m'avait consenti pour la tournée. Et comme un malheur n'arrive jamais seul, l'ex de mon conjoint, Audrey Sergerie, nous a également poursuivis pour une somme de plus de 2,3 M $ pour bris de contrat. Comme je me trouvais à l'extérieur du Québec, Audrey Sergerie et Éric Dubois demandèrent à un juge de geler tous mes avoirs à travers un bref de saisie avant jugement, car il y avait danger que je ne revienne jamais, prétextaient-ils. Leurs allégations étaient reprises dans les médias à sensations qui ne se faisaient pas prier pour en rajouter. C'était du pur délire. Le juge François Marchand, de la Cour supérieure, a cru ce qu'on racontait dans ces magazines et a ordonné la mise sous séquestre de tous mes avoirs. Une saisie qui allait durer trois longues années. Comment allais-je pouvoir vivre dignement entre-temps? Personne ne s'en préoccupait, c'était bien le dernier de leurs soucis.

Je n'avais volé personne, et d'un seul coup de baguette, on venait de couper les vivres d'une famille au complet. Je me rassurais en me disant que cela était tellement ridicule que la situation allait rapidement se rétablir, que leur montage s'écroulerait et que mes comptes bancaires allaient de nouveau m'être accessibles. Heureusement, il me restait un peu d'argent dans mon compte bancaire de l'Union des artistes et j'avais une carte de crédit. Ce qui a servi pour nos dépenses courantes.

Des émotions douloureuses, Lévis en vivait lui aussi. Il lui était de plus en plus difficile de parler à ses filles. Il rêvait de les avoir près de lui pendant quelques semaines. Il devait les faire venir durant les vacances estivales, comme cela avait été convenu avec Audrey avant notre départ. Lévis était tellement heureux à cette idée, car il s'ennuyait énormément de ses filles. Lorsque nous nous sommes rendus à l'agence de voyages pour y acheter les deux billets d'avion, Lévis a téléphoné à son ex par précaution. «Tu as vraiment cru que je t'enverrais mes filles là-bas?» lui a-t-elle alors répondu. Lévis s'est effondré. La méchanceté et le chantage émotif étaient plus importants que le bonheur des enfants. Si

Audrey avait cru que Lévis reviendrait bientôt, elle en était maintenant quitte pour se rendre à l'évidence : notre union allait durer, malgré ses mesquineries, malgré le fait qu'elle l'empêchait de communiquer avec ses filles avec qui il avait été toujours très proche.

Notre situation financière ne s'améliorait pas, au contraire, l'argent se faisait de plus en plus rare. Ma carte de crédit servait tout juste à payer le loyer et la nourriture. Et la limite maximale allait bientôt être atteinte.

Je voulais revenir au Québec pour me défendre et mettre un terme à ces attaques en règle et à ces calomnies, mais je ne voulais pas agir sur un coup de tête et j'avais besoin de conseils. Aussi, depuis mon refuge à Cabarete (les médias parlaient toujours de Punta Cana), j'ai communiqué avec mon avocat, Me Tamaro, pour qu'il m'instruise sur la marche à suivre. Il me conseilla de demeurer en République dominicaine, car tout le monde était déchaîné contre nous, disait-il, que le public allait nous lancer des tomates. Il me demanda de laisser passer la tempête pour me faire oublier : « Oui, il faudrait que vous reveniez, mais ne revenez pas parce qu'au fond, c'est ça qu'ils veulent que vous fassiez ; alors, ne revenez pas, on va s'arranger autrement. »

Pourtant, c'est le contraire qu'il aurait dû me dire. Je devais être là, sur place, pour me défendre et contre-attaquer. Les messages de mon avocat étaient contradictoires. Lorsqu'il donnait des entrevues à mon sujet, à gauche et à droite, dans les journaux au Québec, il affirmait que pour moi, la solution n'était pas de fuir mais de rentrer au pays le plus tôt possible pour affronter la tempête. Mais lorsqu'il s'adressait à moi, il me disait de rester sur place. Avait-il déjà travaillé dans un dossier aussi médiatisé? Jouait-il la comédie et cherchait-il simplement à gagner du temps pour trouver la meilleure solution ou était-il vraiment confus? Mais c'était un professionnel, je trouvais normal de lui faire confiance et de suivre ses conseils. Je l'entends encore dans une entrevue : « C'est bien beau, rêver au soleil… Nathalie comprend que la fuite n'est pas une solution. » Je n'en revenais pas. C'était lui l'expert, je voulais respecter ce qu'il me disait de faire, mais en entrevue au Québec, il affirmait tout le contraire de ce qu'il me disait.

Quand nous sommes partis en République, je ne devais rien à personne et mes comptes personnels étaient réglés. J'avais le cœur en paix parce que je savais que j'avais fait les choses correctement, que j'avais présenté mon dernier spectacle tel qu'annoncé, et que j'avais mis un terme à ma fondation dans les règles de l'art. Si j'avais eu quoi que ce soit à me reprocher ou à cacher, j'aurais certainement retiré une bonne somme d'argent de mon compte et je me serais protégée pour ne pas être mal prise. Les seuls dossiers en suspens étaient ceux d'Yves Campeau et d'Éric Dubois, qui devaient se régler rapidement, et ma maison qui n'était pas encore vendue. J'avais justement mandaté mon avocat pour qu'il règle ces derniers dossiers afin de partir la conscience en paix. Je n'aurais jamais quitté mon pays sans payer mes comptes ou après avoir fraudé mon entourage.

Oui, je partais en vacances prolongées et indéterminées, comme tout adulte a le droit de décider de le faire, pour aller vivre ma vie familiale dans la paix et la sérénité.

Même Paul Arcand, un homme que j'admire pour ce qu'il a fait et qui m'avait interviewée au moment de ma dénonciation, participa au tapage médiatique. Il prenait parti contre moi, faisait fi de ma présomption d'innocence et me demandait de rembourser l'argent que j'avais soi-disant volé: « Ce n'est pas parce que tu as été victime d'agression sexuelle et été abusée toute ta vie que ça devient une excuse. » De telles paroles, venant de quelqu'un que j'estimais énormément, me faisaient doublement mal. Il avait mon numéro de cellulaire. Pourquoi ne m'a-t-il appelée pour avoir ma version des faits? Pourquoi se joignait-il à tous les autres qui en profitaient pour se venger et me salir? Je n'en revenais pas. Tout le monde, même des gens que je croyais blindés contre ce genre de propos diffamants, croyait ce qui était écrit. J'avais l'impression qu'ils s'encourageaient les uns les autres. C'était l'effet boule de neige. Je représentais un véritable scandale et tout le monde semblait avoir perdu son sang-froid. J'étais des plus malheureuse, on peut l'imaginer. Moi qui avais voulu me reposer, être heureuse avec l'homme de ma vie, me faire oublier pendant un certain temps… c'était raté, complètement raté. Les médias québécois faisaient des millions en torpillant notre vie.

J'ai accordé une entrevue exclusive au magazine *La Semaine*. Je ne voulais pas me justifier, car je ne me sentais coupable de rien. Je voulais seulement m'expliquer, exposer à mon public les raisons de mon départ. Je voulais que mon public, celui qui m'avait toujours suivie, comprenne mieux le sens de mes gestes et de mes décisions.

Puis Lise Millette, directrice de l'information au FM 103,3 à Longueuil, écrivit un article à mon sujet, en reprenant les propos de Paul Arcand:

« Il avait pourtant propulsé Nathalie Simard dans la stratosphère de la compassion… Paul Arcand s'est livré à une montée de lait sur les ondes du 98,5 FM, début mai. Il affirmait alors que Nathalie Simard était partie avec l'argent de sa tournée: "[…] *qu'elle rembourse. Ce n'est pas parce que tu as été victime d'agression sexuelle et été abusée toute ta vie que ça devient une excuse.*" Arcand rejoignait les rangs de tous les détracteurs…

[…] Puis en mai 2005, Québecor frappe un grand coup. Le Groupe TVA fait la promotion de l'entrevue exclusive […] à Paul Arcand, […] sur les dessous de l'affaire Cloutier. […] De mauvaises langues déplorent le marchandage de l'exclusivité: 100 000 $ versés à la Fondation Nathalie Simard en échange des confidences. […] Avec cette sordide histoire de mœurs, […] il n'en fallait pas plus pour que la machine promotionnelle réussisse à faire saigner le cœur du Québec tout entier. Nathalie Simard a reconquis son public avec force [...].

[...] Le réalisateur Yves Thériault [*Libérée, le choix de Nathalie Simard*] [...] estime que "*les gens qui avaient des réserves se sont tus parce que la bulle était trop grosse.*" Mais tout ça alimente la machine à rumeurs et l'effervescence est favorable.

[...] Les chroniqueurs artistiques insistent : "*Il s'agit du premier album de toute la carrière de Nathalie Simard qui a été enregistré en toute liberté.*" [...]

Les fondations du mariage Simard-Québecor s'effritent néanmoins. Dans les coulisses de l'empire, on raconte que Nathalie Simard a "probablement été montée contre Québecor." [...]

Le cirque se poursuit. [...]

"*Et aujourd'hui, tout le capital qu'elle avait bâti, elle vient de le déconstruire en partie avec les frasques de son départ en République dominicaine, constate Yves Thériault. Mais je ne lui lancerai pas la première pierre. Les blessures des agressions sont très profondes, et elle souffre encore. Sa vie est devenue un cirque au Québec [...].*"

"*La personnalité de Nathalie Simard, program-mée dès l'âge de 9 ans, ne la préparait pas à vivre par elle-même. Je ne suis pas certain qu'elle était assez forte pour mener à bien toute cette entreprise par elle-même. Les médias restent un outil très fort, mais ils ne font pas toujours ce qui est le mieux pour la personne*", conclut Yves Thériault.»

Plusieurs journalistes avaient vu d'un mauvais œil mon alliance avec Québecor. Pour eux, il ne s'agissait que d'une basse stratégie pour gagner de l'argent sur le dos du «public toujours avide de détails croustillants». J'étais qualifiée de « *has been* » et Québecor de «pieuvre insatiable». Comme si j'avais orchestré, avec l'aide du plus gros groupe de presse du Québec, ma dénonciation pour faire mousser ma carrière soi-disant en déclin. Quelqu'un avait intérêt à me discréditer, à me déstabiliser, et cela m'apparaissait de plus en plus évident. On remettait même en question le don de cent mille dollars que Québecor avait fait à la Fondation que j'avais créée pour aider d'autres victimes d'agressions sexuelles, en échange d'un contrat d'exclusivité. Tant de mauvaise foi m'horripilait et m'attristait.

Je me disais que c'était impossible que le public soit à ce point dupe. Pourquoi s'attaquait-on à ma carrière et à ma personne de façon aussi gratuite, alors que je n'étais plus dans ce milieu? Ces questions restaient sans réponses.

Le public, lui, m'avait toujours donné son amour, son appui, et il m'avait toujours encouragée. Même si je vivais désormais dans un autre coin de la planète, mes efforts pour m'en sortir se retournaient contre moi, parce que certaines personnes avaient décidé que Nathalie Simard, c'était terminé!

Quoi qu'il en soit, je n'avais pas le choix: je devais revenir au Québec pour me défendre et pour de nouveau faire face aux tribunaux, même si mon avocat me le déconseillait. Cela ne s'arrêterait donc jamais ? La lune de miel avait été de courte durée, à peine quatre mois. Nous n'avons pas eu le choix d'emprunter de l'argent à un ami pour pouvoir acheter nos billets d'avion et louer une voiture au Québec.

Nous avons dû laisser une bonne partie de nos affaires personnelles en République dominicaine. Adieu souvenirs ! Notre maigre patrimoine partait encore une fois à la dérive. C'eût été trop coûteux de tout ramener au Québec. Nous pensions réellement revenir un mois plus tard, une fois réglée cette dernière affaire de saisie qui n'avait aucune raison d'être. C'est pourquoi nous avons tout laissé sur place, nos maigres biens et nos souvenirs personnels, y compris mes deux chiens, Pollux et Tom, que j'avais confiés à un chenil. J'ai pleuré sans bon sens lorsque j'ai su, quelques semaines plus tard, que je ne pourrais pas récupérer mes deux chiens, car je n'avais plus d'argent pour retourner à Cabarete les chercher. Je les avais depuis plusieurs années, c'était pour moi un drame terrible qui s'ajoutait à mes mille et une misères.

Retour à la case départ, donc. On avait voulu me déstabiliser, on avait voulu me faire payer ma droiture et ma détermination : c'était réussi. Je faisais les frais de ce nouveau tsunami. Je ne savais pas combien de temps allaient durer la tempête et la misère qui venait avec elle. Le « club des ex », Audrey Sergerie et Éric Dubois, multipliait les démarches pour me faire payer chèrement mon bonheur. Une vendetta bien orchestrée avec l'appui de la magistrature.

Comme je n'avais plus accès à mes économies et que mon compte bancaire était gelé, j'étais littéralement sans ressources. Heureusement, l'éditeur de magazines, Claude J. Charron, accepta de m'aider quelque peu en m'offrant la possibilité de répondre à mes détracteurs dans ses nombreux magazines, moyennant rémunération. C'était sans doute un secret de polichinelle, même si l'éditeur ne voulait pas que cela s'ébruite. Pourtant, il n'y avait rien de plus légitime et légal qu'il me rémunère un tant soit peu. Ce fut ma seule source de revenus pendant la durée de cette tourmente. Nous avons décidé de changer de défenseur, car nous étions énormément déçus de Me Tamaro. Il n'avait pas su nous défendre correctement, et ne manifestait aucune empathie à mon égard. Nous avons retenu les services de Me André Lavigne, qu'un ami m'avait recommandé. Me Lavigne deviendra à la longue un proche et il réussira, après plusieurs démêlés, à obtenir gain de cause.

J'étais contente de revenir chez nous. Je retrouvais des gens qui m'aimaient encore et toujours. Moi qui croyais que je devrais me cacher pour éviter qu'on m'insulte sur la voie publique, je découvrais des personnes polies et ravies de me revoir. On me saluait avec de gros sourires. Cela me faisait du bien de savoir qu'on m'aimait pour ce que je suis.

Le produit de la vente de ma maison de Granby était toujours sous séquestre et je ne savais pas combien de temps les procédures allaient durer. J'ignorais combien d'épreuves nous allions devoir endurer, les enfants, mon mari et moi, et combien de larmes j'allais devoir verser, mais j'étais déterminée à affronter de nouveau toutes ces critiques et à me battre pour récupérer mon honneur que je croyais perdu.

Quatrième partie
LE RETOUR

À notre retour de la République dominicaine, nous avons loué un petit chalet à Saint-Sauveur, dans les Laurentides, mais ce fut une installation bien précaire. Au cours des douze mois qui ont suivi, nous avons habité une bonne soixantaine d'endroits, recevant à l'occasion l'aide des quelques amis qu'il nous restait. Nous vivions dans nos valises, que nous avions à peine le temps d'ouvrir, pour repartir vers une autre destination. Je touchais le fond du baril et cela n'aidait pas à mon moral. Ma fille nous accompagnait dans nos malheurs, qu'elle n'avait pas le choix de partager avec nous. Pauvre Ève ! Je la trouvais bien courageuse. Elle ne l'avait pas facile.

Partout où je frappais, les portes se refermaient. Aucun répit. On se plaisait à me mettre les bâtons dans les roues, comme si on avait décrété contre moi une fatwa. Les refus, qu'on justifiait par toutes sortes de raisons, devenaient monnaie courante. Qui était derrière cette condamnation, une condamnation à vie, qui m'empêchait de gagner honnêtement ma vie ? Je sentais le mépris s'abattre sur moi et je ne savais plus à quel saint me vouer. À gauche comme à droite, on semblait me détester et ça m'était insupportable, car je n'avais rien à me reprocher. Je ne m'étais rendue coupable d'aucun acte criminel, je n'avais volé personne et je ne méritais donc pas un tel traitement. Pourtant, les ragots les plus saugrenus circulaient à mon sujet dans les médias sans que je puisse les démentir. Mais le plus surprenant dans tout ce concert de ragots est que le monde ordinaire, mon public, celui qui me suit depuis mes tous débuts, continuait à me saluer et à me sourire dans la rue. Il me témoignait son amour et m'encourageait.

Lévis a particulièrement souffert de cette situation. Il subissait les contrecoups, alors que son seul « péché » était d'être avec moi. On a voulu le faire passer pour un criminel alors qu'il n'avait aucun casier judiciaire. On a affirmé qu'il avait abandonné ses enfants alors qu'il n'avait fait que respecter les consignes de leur mère. On a allégué que si j'étais partie à l'étranger, c'était à cause de lui, alors que nous avions pris la décision à deux.

Mon mari est un homme d'affaires qui a accompli de grandes choses par le passé. C'est un fonceur, un bâtisseur, mais les potins lui ont coupé les ailes et plus personne ne voulait lui faire confiance. Alors, il s'est rabattu sur des projets personnels. Depuis le début de notre relation, nous n'avions pas encore eu l'occasion de vivre « normalement », que ce soit sur le plan familial ou affectif. Or c'est grâce à notre détermination, à notre courage et à notre amour indéfectible que nous avons réussi à passer à travers toutes ces épreuves et que nous sommes encore ensemble aujourd'hui. Nous arrivons à trouver la joie d'être ensemble dans les bons moments comme dans ceux plus difficiles.

Je défendrai toujours la liberté d'expression, car elle permet de nous exprimer sur des préjudices, des agressions et des injustices qui se passent partout dans le monde. Mais jusqu'où peut-elle aller? On peut tout dire quand on dit la vérité, quand on dénonce des injustices flagrantes, mais on n'a pas le droit de tout dire quand on ne fait que répéter des paroles de tierces personnes et sans savoir si les faits sont véridiques. La majorité des journalistes sont pourtant des gens intègres et honnêtes, mais les autres, ceux qui ne font pas partie de la majorité, ne cherchent que le potin à sensation et c'est vraiment regrettable!

En 2008, lors du *Bye Bye* de fin d'année, une émission de grande écoute, le 31 décembre, et reprise le lendemain, le couple Cloutier-Morrissette s'était permis de me caricaturer, de façon grossière. J'en avais été profondément blessée, et j'avais été déçue du manque de jugement de Véronique Cloutier.

Qu'on me caricature, cela est tout à fait acceptable quand on est présent sur la scène artistique et qu'on est même « surexposé », comme le laissait entendre le sketch en question. Mais que ce soit la fille de celui qui m'a agressé sexuellement pendant des années qui le fasse, je trouvais cela tout à fait déplacé. Cela ressemblait fort à une vengeance. Devant le tollé de critiques venant des quatre coins du Québec, Véronique Cloutier s'en était excusée par la suite, tout comme son conjoint, Louis Morissette. Dans ce dernier cas, celui-ci s'excusa… pour « avoir mis Radio-Canada dans l'embarras ». Il faut le faire ! Cela était d'autant plus grotesque que je me faisais des plus discrète, en évitant de faire des remous avec mes démêlés judiciaires. Le public avait été là pour me défendre et sa réaction m'avait vraiment fait chaud au cœur.

***

J'étais poursuivie pour un montant de 2,3 M $ par Audrey Sergerie, pour rupture de contrat. J'étais piquée au vif, moi qui n'avais touché aucune rémunération pour ma tournée. Il fallait que je fasse la preuve de ma bonne foi, étalant de nouveau ma vie devant le magistrat chargé d'instruire la cause. Cela n'avait rien de bien réjouissant, car je répugnais à étaler mes tripes sur la place publique. À la suite de toutes sortes de tractations, Audrey Sergerie a ensuite converti sa poursuite en réclamant tout simplement le paiement d'une somme de cent mille dollars. Elle allégua devant le juge J. Roger Banford que j'avais promis de lui verser une telle somme si elle retirait sa plainte. Tout cela était faux ! Je ne lui avais jamais rien promis, pour la simple et bonne raison que je n'avais pas cette somme et que j'estimais ne rien devoir à cette personne. « Il n'a jamais été question de règlement (hors cour) dans ce dossier, ai-je affirmé au juge Banford. J'ai toujours été honnête. Dans ma vie, on a abusé de mon corps. On a abusé de mon esprit. On a abusé de mon argent. C'est assez. J'ai respecté mes engagements envers Mme Sergerie, je ne lui dois rien et je vais me tenir debout et aller jusqu'au bout de cette affaire. »

Mais le juge n'a pas retenu mes arguments et il donna finalement raison à la plaignante. Je devais lui payer cette somme que je n'avais pas et que je ne lui devais pas. J'étais mal en point et découragée par cette décision, mais je refusais d'abandonner. Me André Lavigne et moi avons appelé de cette décision. Notre appel a été accepté et, quelques mois plus tard, le 31 août 2009, les trois juges de la Cour d'appel, André Brossard, Benoît Morin et Jacques A. Léger, nous ont donné raison : nous ne devions rien à la plaignante et les juges égratignèrent au passage le juge Banford de la Cour supérieure pour n'avoir pas su juger de la véracité de cette soi-disant entente hors cour. Cette décision avait aussi levé la saisie sur mon compte de banque et mes avoirs. Ouf ! Ce verdict était un baume sur mes plaies, même si ce n'était pas le genre de combat que j'aimais mener. J'étais une artiste et dans une cour de justice, j'étais loin de mon métier.

Malgré cette victoire, je n'étais pas plus riche, tout simplement un peu plus pauvre. Cette triste saga avait duré deux ans et avait fait la manchette des journaux et des magazines. Ma réputation avait été sérieusement entachée. Il faut aussi dire que si je n'ai pas été obligée de verser ces cent mille dollars à Audrey Sergerie, j'ai dû débourser beaucoup plus que cette somme pour laver mon honneur et prouver mon intégrité. Sans parler de Lévis qui, pendant tout ce temps, avait des difficultés à communiquer avec ses deux filles demeurées avec leur mère.

Nous habitions alors une immense grange restaurée, à Bromont. J'ai approché Québecor et TVA pour remettre sur le marché *Le Village de Nathalie*, dont j'avais récupéré les droits au moment du règlement hors cour avec Guy Cloutier. Je voulais présenter les épisodes sous un nouveau jour. Québecor avait semblé intéressé, mais au dernier moment, il s'est retiré. Retour à la case départ.

Je devrais me débrouiller seule. Cela pressait, car je n'avais aucun revenu et mes perspectives de travail s'amenuisaient. Je pensais à mon avenir et à celui de ma fille. Le monde des affaires me rebutait de plus en plus. On aurait dit que certains s'étaient ligués pour accélérer ma déchéance totale. Après avoir payé mes frais d'avocats et les dettes accumulées pendant la saisie, il ne me restait plus rien.

Lévis ne se laissa pas abattre pour autant. Il voulait à tout prix relancer ma carrière. Alors, Lévis, Ève et moi avons repris *Le Village de Nathalie*, malgré les réticences de certains patrons à TVA, pour le ramener au goût du jour. Nous n'avions pas vraiment de studio d'enregistrement, mais nous en avons aménagé un dans la vieille grange que nous habitions. Nous avons « remastérisé » l'émission sur DVD, avec insertion d'effets spéciaux. Lévis faisait des prouesses. Nous avons tiré ce DVD à plus de dix mille exemplaires. Nous nous étions chargés de tous les aspects de la production, y compris la couverture et l'emballage. J'avais investi tout ce qui restait de mon fonds de retraite et Lévis a dû faire appel à son cousin Dany et à sa femme Nelly pour combler la mise. Les boîtes auxquelles nous avions demandé des devis estimaient des frais de 450 000 $ pour la remasterisation de la série. En faisant le travail nous-mêmes, nous avons économisé beaucoup d'argent, mais nous avons travaillé jour et nuit pendant des semaines pour y arriver. J'étais fière du résultat. Gary, le monteur que nous avons engagé, a fait un travail remarquable.

Nous avons ensuite confié la distribution à la compagnie DEP. Aussi invraisemblable que cela puisse paraître, nous n'avons jamais touché un sou de la vente de ce DVD en magasin. Aucun chèque ne m'a été remis pour tout ce travail que nous avions accompli avec passion. Je sais pourtant qu'il s'est bien vendu, en raison des échos que nous en avions eus.

Le distributeur avait décidé de changer la couverture du coffret, jugeant qu'elle ne cadrait pas avec les exigences commerciales des magasins. Cela avait occasionné des frais, nous avait-on dit, de sorte que les revenus de vente n'avaient pas suffi à combler ces dits frais. Encore une fois, je devais me taire, ronger mon frein et accepter de ne pas être payée pour mon travail. Si je décidais de les poursuivre en cour, cela n'aiderait pas ma cause, je ferais encore une fois la une des magazines et « j'en avais ma claque », comme on dit familièrement.

De toute façon, je souffrais de façon permanente et je préférais me faire la plus discrète possible. Répondre à toutes les calomnies aurait exigé un horaire à temps complet et des yeux tout le tour de la tête pour pouvoir lire tout ce qui s'écrivait de négatif et de méchant sur moi. À quoi bon alimenter davantage mes idées noires ? Mes antidépresseurs réussissaient parfois à relâcher quelque peu l'engrenage de la peur.

J'étais fonceuse et ne voulais plus me laisser abattre par toutes ces contrariétés, d'autant que je n'étais plus seule. Ma fille et Lévis étaient du même combat. Le 27 août 2009, nous avons alors entrepris une nouvelle tournée de spectacles à travers tout le Québec avec *Le Village de Nathalie*, qui allait se terminer en décembre. Plusieurs membres de la famille de Lévis nous accompagnaient. Nous allions à la rencontre de mon public dans les centres commerciaux, où nous offrions une prestation de vingt à trente minutes, durant laquelle je chantais quelques chansons du *Village* en duo avec ma fille. C'était ma façon de réagir. Ma fille Ève, qui avait connu ce qu'était le showbiz depuis son plus jeune âge, faisait ses premiers pas et le public répondait bien. On en profitait pour vendre quelques DVD. Le coffret 1 comprenait vingt-cinq des meilleurs épisodes de la série. À la fin de ma prestation, les gens faisaient la file pour me toucher, pour avoir un autographe ou pour me dire tout simplement qu'ils étaient de tout cœur avec moi. Ces paroles, ces gestes me faisaient chaud au cœur.

Certains trouvaient que j'étais courageuse de ressortir cette émission de télévision, alors qu'elle devait me rappeler les plus tristes épisodes de ma vie, celle où j'étais agressée sexuellement. Michel Vastel n'avait-il pas écrit, dans *Briser le silence* :

« Mais quelle chaîne de télévision aura le cynisme d'acheter cette série pour faire rêver une autre génération de petites filles ? Pourra-t-on revoir cette émission sans repenser aux abus dont était victime Nathalie en coulisse ? »

Ce n'était pas un reproche, mais tout juste… Avais-je vraiment le choix ? Fallait-il jeter le bébé avec l'eau souillée du bain ? « *Le Village de Nathalie*, c'est ma plus belle bulle d'enfance. Heureusement qu'il y avait ça pour embellir mon quotidien », ai-je déjà dit. Je désirais partager ces belles émissions avec d'autres parents et enfants, car c'était mon bijou. Ce furent trois années consécutives où cette émission me sauva la vie, en quelque sorte. À l'époque, j'avais hâte de me retrouver sur ce plateau, entourée de gens merveilleux qui prenaient soin de moi. J'avais la chance de vivre et de m'amuser en même temps, d'être une adolescente qui jouait le rôle d'une vraie petite fille dans son village de rêve et d'oublier ce que Guy Cloutier me faisait vivre dans les coulisses. C'était magique pour moi.

Comme artiste, c'est tout ce qu'il me restait et j'avais le droit de faire revivre ce patrimoine, même si ma vie privée se mélangeait à ma vie publique. C'était ma matière première, je ne pouvais pas renier ce que j'avais produit pendant toutes ces années. Tous les artistes se paient une compilation, à un moment de leur carrière. Ai-je droit, moi aussi, de sortir une compilation, un *best of*, même si cela ressasse de vieux souvenirs? Telle n'était pas mon intention, de toute façon. Mes vieux cauchemars, mes mauvais souvenirs d'agressions sexuelles, ils sont gravés en moi à jamais, et ce n'est pas la sortie d'un disque qui va me les rappeler. Vais-je refuser toutes les invitations à participer à des émissions où, immanquablement, on ressort sur grand écran mon répertoire d'artiste, ma plus grande richesse après ma fille?

***

J'ai peu à peu retrouvé mes proches. Une fois, aux Galeries de Granby, alors que j'étais sur scène et que je m'apprêtais à chanter, j'ai aperçu ma vieille amie Ginette, qui s'était occupée de ma fille pendant quelques années et que je n'avais pas revue depuis longtemps. Sa présence, devant moi, m'a terriblement émue. J'ai dû m'excuser auprès du public tellement l'émotion me paralysait. Je me suis promis de ne plus jamais l'oublier.

Une autre fois, j'ai croisé mon frère Jean-Roger en roulant sur l'autoroute 10. Lui et moi nous sommes reconnus et nous avons stationné nos voitures le long de l'autoroute et je lui ai sauté dans les bras. Ça faisait cinq ans qu'on ne s'était pas rencontrés. Plus tard, nous nous sommes revus et il m'a appris que papa était malade et qu'il était à l'hôpital. Il m'a proposé d'aller le voir. J'étais encore une fois émue jusqu'aux larmes de revoir mon cher père. Il souffrait d'emphysème, de diabète et de troubles cardiaques. Un cocktail explosif. Dans une autre vie, il avait été alcoolique, mais il ne buvait plus depuis trente ans et il n'avait jamais rechuté.

Lévis m'a alors suggéré d'inviter mon père chez nous, à Bromont, pendant quelque temps. Cela me permettrait de me rapprocher de lui, m'a-t-il dit, et quant à mon père, ça lui changerait les idées. J'avais en effet besoin de me retrouver près de lui, pour tenter d'oublier toutes ces années où nous avions été séparés bien malgré nous. J'avais donc accepté, pour qu'il puisse traverser cette douloureuse période dans les meilleures conditions.

Mon père était lui aussi très ému et surtout content de me retrouver. Il avait beaucoup souffert de notre séparation, plus que je l'aurais imaginé. Tout ce qu'il entendait à mon sujet l'avait terriblement affecté. Malgré ces quatre années de séparation, il m'appelait toujours son «bébé», en versant une larme, et moi, je le serrais très fort contre moi. Malgré sa maladie, il était radieux, toujours de bonne humeur et drôle. Nous pouvions jaser de tout. Avec cette dénonciation que j'avais faite, quelques années auparavant, j'étais maintenant en mesure de communiquer enfin avec mon père. La honte, les remords, les regrets n'existaient plus. Nous étions maintenant en paix l'un avec l'autre.

Briser le silence m'avait donc libérée de cette omerta entre mon père et moi. Ce fut très salutaire pour moi. Je découvrais mon père, tel que je ne l'avais jamais imaginé: un homme au caractère enjoué malgré ses souffrances. Et par la même occasion, je redécouvrais mes racines profondes à travers lui. Cela me faisait énormément de bien. Malgré tout ce qui s'était passé, malgré ce que j'avais révélé au grand jour, il me regardait toujours avec beaucoup d'émotion et ses yeux se remplissaient de joie et de larmes. Sa colère avait disparu. Mon père était encore capable d'amour et d'humour et il nous a permis de faire un bout de chemin ensemble, pour mon plus grand bonheur. Il a pu revoir sa petite-fille, Ève, qu'il aimait tant, et connaître Lévis avant de mourir. J'étais très fière de lui présenter l'homme de ma vie. Lévis a été très présent à ses côtés pendant la dernière période de sa vie et il l'a beaucoup soutenu. C'était l'époque où nous organisions une tournée à travers le Québec avec *Le Village de Nathalie*. Lorsque nous avons dû partir en tournée, j'ai placé mon père dans un foyer pour personnes malades.

Puis, comme son état s'aggravait, il avait de nouveau été hospitalisé à la Cité de la Santé de Laval. Mes frères et mes sœurs étaient tous présents lorsque Jean-Roch Simard est décédé, le 22 février 2010. Il était âgé de 78 ans. C'était un homme infiniment bon. Les quelques mois qu'il a passés chez moi furent les plus beaux moments de sa vie, m'a-t-il confié avant de mourir.

Comme cela se produit souvent en pareilles occasions, la mort de notre père a été l'occasion pour la famille de se retrouver et, sinon de faire la paix, du moins de fraterniser. À l'hôpital, tous ses enfants et petits-enfants étaient présents. Il s'agissait d'un rassemblement familial qui n'avait pas eu lieu depuis des années. Le deuil nous a rapprochés. Nos retrouvailles se sont faites dans l'amour, dans les valeurs que nos parents nous ont transmises. Plus rien de négatif n'existait; ni ressentiment ni rancune. C'est ce que mon père avait souhaité. J'ai pu revoir mon frère René, que je n'avais pas vu depuis belle lurette.

Par la suite, nous avons organisé une fête à la maison avec toute la famille et nous avons chanté ensemble comme dans le bon vieux temps. Au gré des semaines, nos liens se sont retissés. Nous nous réunissons maintenant à l'occasion d'anniversaires ou d'occasions spéciales et ça nous fait énormément de bien. Nous demeurons en communication et nous nous parlons fréquemment.

***

Mon père avait publié en 2007 un livre, *Au-delà du silence*, dans lequel il donnait sa propre version des faits entourant, entre autres, l'arrivée de Guy Cloutier dans notre famille. Bien sûr, l'alcoolisme n'était pas étranger à sa déchéance, mais il n'en demeurait pas moins qu'on l'avait forcé, sous les ordres du parrain tout-puissant, à abandonner sa famille et ses enfants et à quitter le domicile familial. Il en était demeuré profondément humilié et brisé.

Lors de la parution de son livre, on l'avait même invité à la populaire émission *Tout le monde en parle*, à Radio-Canada, pour qu'il en parle, lui qui n'aimait guère les médias en raison de tout ce qu'on avait colporté à propos de ses enfants. «J'ai été touché du respect qu'ils [Dany Turcotte et Guy A. Lepage] m'ont témoigné», avait-il déclaré à la journaliste Claudia Larochelle du *Journal de Montréal*, qui ajoutait: «Si ce n'était de l'absence de sa cadette Nathalie (Simard) dans sa vie depuis deux ans, son bonheur serait complet. Elle lui manque, sa petite-fille aussi. Quand il en parle, ses yeux roulent dans l'eau et sa voix semble vouloir s'éteindre, étouffée par l'émotion. Il commence à faire la paix avec ça aussi, avoue-t-il.»

Il avait révélé, par la même occasion, avoir été incapable de terminer la lecture de mon livre parce que ça lui faisait trop mal. «Je ne pouvais plus supporter ce que j'y lisais, mais je suis très fier du courage qu'elle a eu. » Et il concluait, dans la même entrevue, qu'il aurait bien aimé « sauver ses enfants des griffes de Cloutier ». Ce sont ces paroles que je retiens lorsque je pense à mon père. Il aurait voulu me sauver des griffes de mon agresseur.

Aux dires de sa biographe, Louise-Marie Lacombe, il avait eu peur au dernier moment de révéler certains faits dont il avait été le témoin et c'est pourquoi il s'était rétracté. Il avait dû subir d'énormes pressions pour ne pas qu'il révèle ses terribles secrets et les scènes dégradantes auxquelles il avait dû assister. « Il est allé tellement loin dans les confidences qu'il m'a faites, il a abordé des sujets tellement difficiles, qu'il a dû reculer. Je ne lui ai pas parlé depuis la publication du livre, mais je lui avais écrit pour lui dire que je ne lui en voulais pas. La souffrance de cet homme dépassait l'entendement », affirmait en entrevue à *La Presse* sa biographe.

Mon père se défendait à l'époque en affirmant : « Ne pas tout dire, ce n'est pas mentir. Il n'y a rien que j'ai caché que le public doit savoir. » Il avait finalement exigé que les passages les plus scabreux et les plus incriminants concernant Guy Cloutier soient retranchés. Cela avait donné un livre aseptisé et sans grand intérêt, même si on sentait la colère de mon père à l'égard de celui qui avait brisé notre famille, ma vie et celle de mon père. Lui aussi, il a éprouvé de la honte et de la culpabilité, et un sentiment d'impuissance a dû le tourmenter pendant des années.

Mon père écrira : « Je suis revenu chez moi complètement anéanti. [...] Coupable parce que je venais de me rendre compte que certains faits, dont j'avais soupçonné l'existence plusieurs années auparavant, étaient bel et bien réels. Ce n'était donc pas l'alcool qui m'avait fait halluciner, comme certains avaient pourtant tenté de me le faire croire. »

Ces faits, dont il venait de se rendre compte, étaient de toute évidence terribles, monstrueux, dégueulasses. Il faut se rappeler que Guy Cloutier l'avait aussi chassé de la maison familiale. J'étais toute petite à l'époque et je n'y comprenais rien. Mais lui, Guy Cloutier, savait parfaitement ce qu'il faisait. C'était l'équivalent d'un coup d'État, d'un putsch abominable.

Tu as bien raison, papa : ce n'est pas l'alcool, ce n'était pas des hallucinations, c'était bien réel, douloureux et immonde. Tu avais vu son jeu pervers et des gens avaient voulu te convaincre du contraire. Ces personnes qui ont voulu te persuader du contraire étaient soit des complices de Guy Cloutier, soit de tristes personnages qui préféraient ne pas voir la réalité en face parce que cette réalité leur faisait peur, comme l'horreur fait peur. Tu es parti en emportant dans ta tombe tous ces secrets qui ont dû te hanter une bonne partie de ta vie. Tu as été le témoin silencieux de nombreuses agressions, malgré toi sans doute, et tu n'as pas trouvé la force de dénoncer ceux qui les ont commises et tu as feint de ne pas les voir. La grosse machine contre laquelle tu te dressais était implacable. Tu peux toutefois partir la conscience tranquille. Je t'aime, papa. Sois en paix et que Dieu te protège.

***

Durant tout ce temps, Lévis ne réussissait toujours pas à revoir ses filles. Il pouvait leur parler de temps en temps et c'était sa seule façon de garder le lien avec elles. Il ne désespérait pas de pouvoir les revoir un jour pour leur expliquer ce qui s'était réellement passé. En attendant, il ne lâchait pas prise.

À force de nous faire mettre des bâtons dans les roues, nous avons dû de nouveau plier bagage et nous trouver un autre endroit pour vivre et travailler. Nous étions en quelque sorte des gitans perdus au milieu de nulle part, des SDF sans port d'attache. Nous pouvions dormir une semaine dans les Cantons-de-l'Est et nous retrouver la semaine suivante dans les Laurentides pour une durée indéterminée. La joie de vivre m'avait quittée depuis belle lurette. Il nous arrivait même de demander à nos proches de nous donner de la nourriture pour tenir le coup pendant un jour ou deux. En fait, on n'a pas eu à demander très souvent, car ils étaient à l'écoute de nos besoins. Encore aujourd'hui, je les remercie de leur générosité.

Je sais ce que c'est, la misère, je sais ce que c'est, l'insécurité et la précarité. Mon système D a toujours été très développé. Contrairement à ce qu'on peut penser, Nathalie Simard n'a jamais eu un gros compte en banque et a toujours su se débrouiller avec le peu qu'elle avait. Lorsqu'une artiste a du succès, le public pense aussitôt que celle-ci roule sur l'or. Dans mon cas, c'était mon ex-agent qui roulait sur l'or, pas moi. Le plus ironique, c'est que Guy Cloutier me disait souvent lorsque j'étais sous son emprise que j'étais une artiste à part et que j'étais chanceuse d'être aussi bien entourée. Il affirmait aussi que bien des artistes étaient prêts à toutes sortes de bassesses pour percer. Quelle mentalité malsaine! Heureusement, il y avait ma fille, il y avait l'amour de Lévis.

Que me restait-il? Le suicide? Disparaître à jamais? «La vie est si fragile», comme le chante Luc De Larochellière. Nous y avons sérieusement songé, tous les trois. Je dis bien: tous les trois. D'ailleurs, j'ai même déjà affirmé à certaines personnes autour de moi, qui s'évertuaient à me rendre la vie impossible et à me faire douter de moi, que j'envisageais le suicide, que j'étais rendue au bout du rouleau. J'en suis même venue à penser que c'était ce qu'on souhaitait.

Pourquoi souhaiter ma disparition? Tout simplement parce que je parle trop, parce que je suis un témoin gênant qui portera toujours son message à ceux qui ont besoin de l'entendre: il ne faut pas avoir peur de dénoncer son agresseur. Ce message, je le répéterai toujours, jusqu'à ce qu'on m'empêche de le faire, jusqu'à ma mort.

***

Finalement, nous avons décidé, toujours à trois, de résister et de nous battre. Mais nous n'avions pas les bons outils pour entreprendre ce combat, de toute évidence. Il nous fallait nous entourer de personnes fiables. C'était difficile, car j'étais crédule et je n'avais plus la force de remonter la pente. Je me sentais comme une marathonienne qui arrive en fin de parcours, mais je n'avais plus la force de franchir les derniers kilomètres avant d'arriver au but. Bien sûr, je pouvais compter sur l'appui de quelques membres de ma famille, dont mes frères Régis et Jean-Roger.

Je ne savais pas vraiment ce qu'était la vraie vie ni comment bien gérer mes affaires. Analyser une situation donnée ou prendre une décision m'était difficile. Cherchant désespérément à nous sortir de cette situation, nous sommes tombés entre les mains de soi-disant thérapeutes en relation d'aide, des personnes sans scrupules qui ont tenté de nous manipuler et de nous pousser à bout, tout en nous soutirant de l'argent. Je cherchais un coach, un « guide de vie » pour accomplir mes réalisations futures et je suis tombée sur des manipulateurs.

Un de ceux-là, Luc Bissonnette, habitait Prévost, au nord de Montréal. Il nous était recommandé par une personne très proche de nous, qui proposa même de défrayer les coûts des premières rencontres individuelles. Il devait posséder des pouvoirs spéciaux ou des dons d'hypnotiseur, je ne sais trop, mais il a réussi petit à petit à hypnotiser Lévis et à le mettre sous son contrôle.

Quant à moi, ce fut différent. Je devais me convaincre que cet homme ne me connaissait pas et qu'il n'était pas au courant de toutes les calomnies colportées à mon sujet, mais c'était presque impossible, car j'étais une artiste connue depuis longtemps. Lors de nos premières rencontres, il est vrai que nous nous sentions un peu mieux. Nous l'écoutions sagement et il nous amenait à voir la vie différemment.

Un peu plus tard, il m'a questionné sur mes projets et je lui ai dit que je voulais écrire un livre qui raconterait ma vie depuis ma dénonciation. Il s'est montré intéressé et m'a proposé gentiment de m'aider à écrire ce livre, en y ajoutant une touche humaine et spirituelle. Je ne détestais pas l'idée, car je croyais quelque peu à la spiritualité.

Au début, nos rencontres avaient lieu à ses bureaux. Un peu plus tard, il a proposé de venir chez nous à Saint-Sauveur pour poursuivre les rencontres. Lévis et moi avons tous les deux accepté cette proposition. Nous avions confiance en lui, parce qu'il nous avait été recommandé par une personne que nous connaissions et aussi parce qu'il avait son bureau dans une clinique officielle. Nous aimions aussi sa façon de travailler.

Lors de notre première rencontre à la maison, il est de nouveau revenu sur son désir de participer à mon bouquin, dans lequel il voulait livrer certains messages à mes lecteurs. Il nous a dit de ne pas le payer immédiatement, car nous allions un peu plus tard signer un contrat en vertu duquel il toucherait un certain pourcentage sur les ventes de mon livre. Jusque-là, tout allait…

Ève, par contre, avait des réticences. Elle ne l'avait rencontré qu'une seule fois à son bureau et cette rencontre lui avait déplu. Elle n'aimait tout simplement pas sa personnalité et sa façon de faire et elle ne se sentait pas à l'aise de se confier à lui. Même chose avec Ginette à qui nous avions demandé son avis. Elle hésitait, trouvait qu'il en faisait trop, qu'il philosophait de façon exagérée et qu'il franchissait un peu trop les limites de notre vie privée, ce qui n'est pas le propre d'un thérapeute professionnel.

Pour Lévis et moi, c'était différent. Il nous attirait, nous apprécions son calme déconcertant, ses paroles douces et apaisantes. Il nous procurait ce sentiment de bienfaisance et de sécurité qui nous était tant utile pour nous remettre en forme. Après la séance de thérapie, nous allions nous asseoir autour de la table de cuisine ou au salon pour discuter avec lui comme si nous étions amis.

Je sentais toutefois que Lévis changeait, qu'il n'était plus le même homme que j'avais connu. Ginette constatait le même changement. Elle venait nous visiter de temps à autre et elle me faisait part de ses réticences. Les changements de Lévis lui déplaisaient et elle me disait avoir des doutes sur les véritables intentions de Luc Bissonnette. Lévis ne prenait aucun médicament et pourtant je notais, moi aussi, que sa santé se dégradait. Lorsque je tentais d'aborder le sujet avec lui, il se mettait sur ses gardes et me disait que je devais l'écouter et faire ce qu'il me disait de faire. C'est ainsi que nous allions nous en sortir.

Chaque fois qu'il était angoissé ou tendu, il appelait son thérapeute qui accourait aussitôt. Ils se voyaient alors seul à seul dans une pièce dont la porte demeurait ouverte. Je pouvais voir qu'ils se parlaient, mais je n'entendais pas ce qu'ils se disaient. Lors d'une de ces séances, Ginette affirme avoir vu Lévis, les yeux fermés, tandis que le thérapeute avait une main posée sur sa jambe et l'autre dans son cou. Selon elle, Lévis semblait sous l'effet de l'hypnose.

Je crois qu'elle avait raison. Lévis voulait tellement que nous nous sortions du bourbier qu'il était prêt à tout. C'est dans cet esprit qu'il s'abandonnait entre les mains et la voix de Luc Bissonnette. Il pensait ainsi récupérer la force nécessaire pour passer à travers les difficultés que nous connaissions et il ne tolérait pas qu'on puisse le contrarier dans ses efforts.

Que pouvais-je dans de telles conditions? Donner la chance au coureur? Peut-être qu'après tout il en sortirait plus fort et qu'il faisait ainsi le plein d'énergie. Mais un soir, Lévis a dû être transporté d'urgence à l'hôpital en raison d'un problème respiratoire. Le médecin m'a alors dit que Lévis était tellement angoissé qu'il en arrivait à respirer difficilement. Il étouffait, en d'autres mots.

Quelques jours plus tard, alors que sa situation ne semblait guère s'être améliorée, Lévis me dit que c'était maintenant le temps de le laisser « partir ». Il voulait « aller de l'autre côté, là où tout est beau et merveilleux », où les problèmes n'existent plus. J'étais des plus inquiète. J'ai appelé le thérapeute qui a accouru immédiatement. Lévis lui a serré la main et il a retrouvé son état normal.

Quand Luc Bissonnette était à ses côtés, Lévis se portait bien, mais lorsque le thérapeute partait, c'était une tout autre histoire. Une heure ou deux après son départ, Lévis se retrouvait sens dessous dessus. Était-ce la faute du thérapeute ? Je commençais à soupçonner que nous étions devenus des proies faciles pour cet homme.

En juillet 2010, Lévis était de nouveau hospitalisé. Il tremblait et il avait des palpitations. Quelques heures plus tard, alors que nous retournions à la maison, il m'a dit que Luc devait passer à la maison en soirée pour finaliser l'entente concernant la ristourne à lui verser sur les ventes de mon livre. Je n'avais même pas commencé à écrire ce livre ! C'en était trop ! Alors, je lui ai dit que je ne voulais plus voir ce charlatan déguisé en thérapeute s'immiscer dans notre vie. C'était fini.

J'ai aussitôt informé celle qui nous avait présenté Bissonnette, de mes intentions de porter plainte auprès de la police. J'ai formulé une plainte à la clinique, qui l'a aussitôt expulsé de ses locaux. Nous avons alors appris que depuis 2008 des accusations de fraude pesaient contre lui et la compagnie O de Mer, dont il était un des cinq actionnaires. Le 27 août 2010, la Cour du Québec déclarait cette compagnie coupable de cent dix-neuf chefs d'accusation sur trois cent quarante-six qui avaient été portés contre elle.

Quelle histoire tordue! Nous cherchions comment nous en sortir, nous voulions nous reprendre en main en faisant appel à un professionnel de l'aide personnelle et voilà qu'on nous fraudait, qu'on nous malmenait, qu'on tentait de nous enfoncer encore davantage dans la pauvreté. Heureusement, Lévis réussit à se sortir de l'emprise de ce gourou au bout de quelques semaines. Notre expérience avait au moins servi à protéger des personnes fragiles des griffes de cet individu sans scrupules.

Je me voyais au milieu d'un lac en train de me noyer et j'étais prête à m'accrocher à la première bouée qui s'offrait à moi. Mon plus grand problème, c'était que je faisais trop confiance à tous ceux qui m'approchaient. Je n'étais pas du tout méfiante et je ne pouvais m'imaginer qu'on pouvait vouloir abuser de moi, qu'on pouvait encore me vouloir du mal, car moi, je n'avais jamais fait de mal à personne. Les gens méchants voient de la méchanceté et ils sont méfiants. Moi, c'était l'inverse. Alors pour quelle raison pourrait-on vouloir s'en prendre à moi? J'étais vraiment trop naïve. Le plus grand reproche que je peux me faire : ma naïveté.

J'ai appris à la longue que la confiance doit se mériter, mais à ce moment-là de ma vie, je ne le savais pas. Je ne pouvais pas percevoir le mal en face de moi. Je pensais que les gens qui m'approchaient étaient toujours bien intentionnés, qu'ils étaient là pour les bonnes raisons. On me proposait de beaux projets, afin qu'on travaille ensemble à leur réalisation. Ces gens-là venaient vêtus de leurs plus beaux atours, mais rapidement je me rendais compte qu'ils étaient mal intentionnés. Leur masque tombait et je découvrais une tout autre réalité. Luc Bissonnette est entré dans nos vies alors que nous étions au fond du baril. C'est à ce moment-là que ces charlatans surgissent. Je demande de se méfier de ces supposés coach de vie. Qui sont-ils pour avoir une telle prétention ? Il y a de vrais professionnels dans notre société comme les psychologues et les psychiatres qui sont outillés pour aider les gens en difficulté. N'importe qui peut falsifier un diplôme et se prétendre professionnel. Avec le recul, je me rends compte que j'aurais dû commencer par moi et que j'aurais dû me faire confiance. Ma fille Ève a un don pour détecter l'énergie malsaine que dégage certaines personnes et elle n'avait jamais pu blairer ce gourou.

Je me disais que j'aurais bien dû écouter ma petite voix intérieure qui me disait de prendre garde, mais c'était plus fort que moi, je lui faisais confiance. Je me laissais guider par ma bonté, mais bien souvent il était trop tard, c'est moi qui écopais et qui payais la note, d'une façon ou d'une autre. Ma réputation était de nouveau entachée. La méchante, c'était encore et toujours moi. À force de me faire ramasser, de me faire critiquer, j'avais peur, je n'osais plus rien faire. Ni même chanter. J'avais, comme on dit, une écœurantite aiguë. Je ne voulais même plus exercer mon métier ni chanter en public. Pourtant, chanter c'était ma vie, c'était tout ce que je savais faire de bien.

Je remettais alors en doute mon jugement. Comment avais-je pu me laisser berner à répétition ? Comment pouvais-je voir la vie en rose ? Il est vrai que personne ne m'avait rien enseigné, personne ne m'avait montré ce que c'était la vie.

Lorsque j'étais jeune, je ne savais pas ce qu'était un compte en banque ou une marge de crédit. Combien gagnais-je avec mon métier de chanteuse et avec mes émissions de télévision ? Je ne le savais pas et ne m'en préoccupais pas. Combien de disques avais-je vendus ? Aucune idée. M'acheter de nouveaux vêtements ? Il me fallait demander la permission à Guy Cloutier, sans d'ailleurs avoir conscience de ce que pouvait signifier acheter à crédit. Décider par moi-même, je ne savais pas ce que c'était, car on avait toujours tout décidé pour moi. M'orienter vers de nouveaux défis m'était impossible. Je vivais dans la dépendance totale, aussi bien sur le plan financier que sur le plan sexuel, même si j'étais, à l'époque, des plus active sur la scène culturelle.

Mon gérant semblait avoir le droit de vie ou de mort sur moi, avait le droit de décider si je travaillais ou si je sortais du décor. Jamais je ne me suis interrogée sur ce qu'allaient me rapporter telle ou telle activité, tel spectacle, telle émission de télévision. Faire les comptes, je ne savais pas ce que c'était et personne ne semblait souhaiter me le montrer. Oui, j'avais été bien naïve. Telle était l'histoire de ma vie jusqu'à maintenant.

Je sentais qu'on s'acharnait encore une fois contre moi afin de freiner mon émancipation. Tout ce que je cherchais, en fait, c'était d'essayer de nouvelles façons de m'en sortir, d'explorer de nouvelles avenues. Je faisais tous les efforts pour me relever par moi-même, mais comme j'étais incapable de m'en sortir seule, je cherchais des aides, des soignants qui pouvaient m'aider dans ma démarche et dont c'était la profession. Parfois on tombe sur de bonnes personnes, des anges bienfaisants, parfois on tombe sur des spécialistes de la duperie et de l'arnaque. Nous étions malheureusement tombés sur un soi-disant thérapeute qui se montrait trop entreprenant, et j'aurais dû m'en méfier. Cette thérapie a duré plusieurs semaines, le temps de nous rendre compte de la supercherie.

Ma fille nous suivait dans cette quête de mieux-être et elle n'avait pas vraiment le choix. Elle a subi également les contrecoups de ces traitements. Elle est toutefois celle qui nous a alertés, car elle n'appréciait pas les agissements et les conseils de ce gourou. Elle fut la première à déceler qu'il s'agissait d'un escroc. À ses côtés, je me trouvais vraiment naïve et je devais apprendre à devenir méfiante comme elle. Ma fille en était venue à nous protéger alors que ç'aurait dû être le contraire. C'est fou à quel point nous étions sous son emprise !

À la suite de cette malencontreuse aventure, nous avons décidé que nous allions prendre le taureau par les cornes et que nous ferions nous-mêmes notre propre thérapie de vie. Désormais, nous allions mettre du soleil dans nos vies en célébrant toutes les fêtes du calendrier : Halloween, Noël, Premier de l'an, Saint-Valentin, Pâques, Fête nationale et même la fête des Rois. Ce serait bon pour le moral, comme le chante la Compagnie créole. Cela signifiait un petit investissement dans les décorations de toutes sortes : sapin et guirlandes, petits fantômes et éclairages spéciaux, pains d'épices, chocolats et cocos peints à la main, cartes en forme de cœur, etc. Bref, on s'investissait personnellement dans ces projets, on se faisait plaisir, on faisait plaisir aux autres autour de nous tout en faisant la fête.

∗∗∗

Le 18 juin 2010, le verdict final de la Cour d'appel du Québec dans la cause de la poursuite intentée par Audrey Sergerie est tombé. Sa poursuite était rejetée avec dépens et nous étions lavés, Lévis et moi, de toute accusation criminelle. Les trois juges blâmèrent le juge de première instance, l'honorable Roger Bandford : « Il est inexact de dire, comme l'a décidé le premier juge, que les appelants ont accepté les changements dans le projet d'entente transmis le 1er juillet 2008, le transformant ainsi en offre valable faite à l'attention de l'intimée. [...] Les erreurs du juge sont déterminantes puisqu'elles concernent la base même de l'appréciation du concours de volontés nécessaire à la formation du contrat entre les parties le 3 juillet 2008. Il n'y avait donc pas de transaction susceptible d'homologation devant le juge. La Cour doit intervenir pour casser l'ordonnance d'homologation et accueillir l'appel. »

Cette pénible poursuite aura duré seize longs mois et aura sérieusement entaché ma réputation. On m'avait accusée de fraude. Une accusation criminelle, ce n'est pas rien. Le pire, c'est que cette victoire est passée presque inaperçue dans les médias, alors que la poursuite avait fait la une de plusieurs journaux et magazines. Mon argent fut débloqué et j'ai pu enfin payer mes comptes en souffrance et rembourser notre courageux avocat Me André Lavigne qui nous avait prêté de l'argent. Audrey Sergerie aurait dû nous payer la somme de 50 000 $, mais elle avait vidé le compte des Productions G7 et avait sabordé la compagnie. Donc, on ne pouvait pas rien faire contre elle. J'ai dépensé des sommes faramineuses pour rétablir ma réputation et j'ai gagné toutes mes causes, mais les médias n'en ont presque pas parlé. J'étais amère et déçue de voir à quel point certains journalistes étaient vautours. Encore aujourd'hui, les gens ont des soupçons et ont peur de ne pas être payés. La campagne médiatique de salissage m'a fait beaucoup de tort et je subis encore les contrecoups ainsi que Lévis.

∗∗∗

Le 29 octobre 2010, une autre nouvelle tomba, qui nous apporta une autre épreuve. Voici comment TVA rapportait la nouvelle :

« Waterloo – L'ex de Nathalie Simard accusé d'agression sexuelle. L'ex-conjoint de Nathalie Simard au milieu des années 90, Éric Dubois, a été accusé d'agression sexuelle sur trois mineures. Dubois, un homme d'affaires de 33 ans de Waterloo, fait face à cinq chefs d'agression sexuelle. Les crimes qui lui sont reprochés s'étalent sur les 10 dernières années.

Éric Dubois a comparu le 20 octobre sous des accusations d'agression sexuelle, attouchements et incitations à des contacts sexuels. Il aurait fait trois victimes âgées de 16 et 17 ans, mais la mère de l'une d'elles croit qu'elles seraient possiblement plus nombreuses.

En juin dernier, une adolescente de 16 ans porte plainte aux policiers. Elle dit avoir subi des attouchements de la part d'Éric Dubois. Ces gestes auraient été posés dans le garage de l'accusé, dont une partie a été transformée en salon de massage.

À la suite de cette première plainte, deux autres présumées victimes se sont manifestées. Éric Dubois a déjà été propriétaire d'une discothèque à Granby, c'est là qu'en 2000, il aurait commis ses premiers attouchements sur une jeune fille âgée de 17 ans à ce moment.

En 2007, dans une chambre de l'Hôtel Le Président de Sherbrooke, il aurait agressé sexuellement une autre adolescente. Cette dernière rêvait d'une carrière de chanteuse, il lui aurait promis de l'aider en lui présentant Nathalie Simard, sa conjointe de l'époque.

L'homme d'affaires de 33 ans exploite un commerce au centre-ville de Waterloo, où notre journaliste s'est rendu en espérant le croiser, mais il se trouvait à l'extérieur de la région pour la journée.

Éric Dubois devrait être de retour en cour le 2 décembre prochain. »

J'étais sidérée. Il aurait agressé des jeunes filles mineures avant même de me connaître, puis pendant qu'il était avec moi. De plus, il se serait servi de mon nom pour approcher ses victimes, mais la réalité l'avait rattrapé. Je comprenais maintenant pourquoi il consacrait tant de temps à sa discothèque pour les 12-17 ans. C'était l'endroit idéal pour recruter ses proies. Il y avait de quoi devenir paranoïaque. Avait-on mis ce sinistre individu sur ma route pour me faire trébucher encore une fois? Voulait-on me bâillonner? Heureusement, ces jeunes filles avaient osé dénoncer leur agresseur et je ne saurais qu'encourager toutes les autres à le faire. Les pédophiles, c'est comme les terroristes. Si on se cache parce qu'on a peur de les dénoncer, ils poursuivront de plus belle leurs crimes.

Quelques années plus tard, le 24 mai 2013, *La Voix de l'Est* rapportait la condamnation de ce sinistre personnage :

« Le juge Serge Champoux, de la Cour du Québec, n'a pas cru la version de l'accusé.

Le Sheffordois de 36 ans disait n'avoir commis aucun geste répréhensible envers la jeune fille, âgée de 16 ans au moment des faits reprochés. Selon son témoignage, il n'a fait que lui exhiber sa collection d'objets sexuels aménagée dans son garage, en juin 2010. La victime a témoigné de son côté que l'accusé lui avait fait des remarques suggestives avant de la presser contre une table à massage. Il a ensuite entré sa main dans le pantalon de la jeune fille afin de frotter son clitoris. Comme elle figeait, il s'est arrêté. »

Il sera condamné à cinq mois de prison. « Une société doit protéger ses enfants, surtout en matière sexuelle », avait indiqué le juge au moment de la condamnation. Dubois en avait appelé de cette sentence et avait été remis en liberté. Plus récemment, il a été acquitté d'une deuxième accusation d'attouchements sexuels sur une mineure. À mon humble avis, les juges se fient trop aux livres de la loi et pas assez au sens commun et c'est pourquoi la société est souvent révoltée contre ces sentences bonbon. Malgré tout, il ne faut pas cesser de dénoncer les agresseurs et ne pas perdent espoir qu'un jour, un juge mettra ses culottes.

***

Au mois de septembre de l'année suivante, pour officialiser la réconciliation de notre clan, René, Régis, ma fille Ève et moi sommes montés sur scène, à Drummondville, pour participer à un concert au profit de l'Association Emmanuel, un organisme de bienfaisance qui a pour but de favoriser l'adoption d'enfants différents ayant des besoins particuliers et le soutien aux familles ayant des enfants différents.

Ma fille Ève m'avait parlé de Sylvain Delorme, ce père de cinq enfants dont quatre avaient été adoptés et deux étaient handicapés, et j'avais été touchée par son histoire plutôt unique. Il était venu voir ma fille à la boutique alors que je n'étais pas sur place et lui avait exposé son projet et ses besoins. Il s'était bien gardé de tout dire sur son passé, mais j'allais le découvrir un peu plus tard.

Lorsqu'Ève m'a raconté sa rencontre avec Sylvain Delorme, j'ai aussitôt eu le coup de foudre pour son œuvre de bienfaisance et j'ai voulu faire quelque chose pour l'aider. Ce concert était une première étape et servirait à collecter des fonds, ce qui aiderait certainement des enfants différents à se trouver une vraie famille. Malgré tout ce qui m'est arrivé par le passé, je me suis toujours considérée comme chanceuse, car la vie m'a beau-coup donné. Je me fais donc un devoir d'aider les autres, ceux qui ont besoin de soutien de toute sorte, surtout lorsqu'il s'agit d'enfants. Moi, j'ai dû me battre pour m'en sortir, je suis tombée et retombée, parfois très bas, mais grâce à l'espoir et à l'amour des miens, j'ai su et j'ai pu me relever. C'est pourquoi je suis inspirée lorsque je suis témoin d'histoires comme celles de Sylvain Delorme, qui avait un comportement exemplaire. Du moins, en apparence...

J'ai commencé à planifier cet événement et j'ai pensé inviter mon frère René pour qu'il y participe. Il a accepté sur-le-champ d'autant qu'il a lui-même deux enfants atteints de surdité. Cela faisait vingt-cinq ans que nous n'avions pas chanté ensemble et c'était aussi une occasion de me retrouver sur scène avec ma fille Ève. Le public serait à même d'apprécier son immense talent de chanteuse et j'en étais très fière. Si j'avais connu, à son âge, l'insécurité chaque fois que je montais sur scène, je ne voulais pas qu'elle vive le même stress. J'envisageais un autre avenir pour ma fille. C'est un peu pour cela que je l'avais protégée, jusqu'à maintenant, et que je l'avais gardée éloignée de ce milieu parfois difficile.

Ce spectacle n'avait rien à voir avec le show-business, alors je me sentais tout à fait à l'aise d'inviter René à chanter avec moi, d'autant qu'il s'agissant d'une noble cause. Quant à elle, je voulais qu'elle déploie ses ailes et qu'elle connaisse cette relation souvent grisante entre une chanteuse et son public. J'avais compris que ma fille était devenue une femme, et qu'elle devait pouvoir mettre en valeur tout son potentiel et ses qualités. Elle allait avoir dix-huit ans dans deux mois, mais avec tout ce qu'elle avait vécu en ma compagnie, avec toutes les tempêtes et les intempéries que nous avions dû affronter ensemble, je peux affirmer qu'elle avait atteint une maturité que bien des jeunes de son âge n'avaient pas.

J'ai assuré la mise en scène des spectacles, qui avaient lieu dans une salle de mille deux cents places, dans un hôtel de Drummondville. C'était la première fois que j'assumais la mise en scène d'un spectacle et j'ai adoré l'expérience. Au programme, il y avait également un défilé de mode, de la danse, des numéros de cirque et, bien évidemment, des chansons. C'était beaucoup plus gros qu'on ne l'avait imaginé au départ.

J'étais ravie que le retour des « p'tits Simard » — composé de mon frère Régis, ma fille Ève, mon neveu François et René — sur une même scène serve une cause précise, celle d'enfants dans le besoin. Malheureusement, peut-être à cause du stress ou du surmenage, j'ai été prise d'une extinction de voix gênante quelque temps avant de monter sur scène et j'ai dû me rendre d'urgence à l'hôpital pour me faire soigner. Tout cela à moins d'une heure du début du concert. Heureusement, grâce à des traitements efficaces, j'ai pu retrouver ma voix rapidement et je suis revenue sur scène juste à temps pour le début du spectacle que je n'aurais voulu manquer pour rien au monde.

« Je peux te dire que je me suis ennuyé de toi », a lancé d'emblée René d'une voix tremblante, mais qui semblait des plus sincère, avant d'entonner avec moi la célèbre chanson *Tous les enfants du monde*, celle qui m'avait fait connaître en 1979. Je voyais cette interprétation faite en duo comme un message de paix et d'amour. Le moment était magique et René semblait vraiment content de participer à cet événement, de me donner la main face à ce public qui nous avait suivis depuis que nous étions enfants. Nous nous sommes séparés, le cœur gros, sans fixer de prochain rendez-vous, mais je ne dis pas non à un projet d'album avec lui, si la vie m'y conduit. Ce spectacle-bénéfice m'avait donné le goût de relancer ma fondation.

Malheureusement, tout cela était trop beau. Sylvain Delorme, ce père de cinq enfants dont quatre avaient été adoptés et deux étaient handicapés, a fraudé tout le monde et il est parti avec une partie des recettes du spectacle. Tout cela était pitoyable. Denis Lévesque, du réseau TVA, a invité Delorme pour qu'il s'explique, mais il a jeté le blâme sur moi. Encore une fois, j'étais éclaboussée pour avoir été trop généreuse et naïve. Je m'étais investie sans compter, mais on me lançait de la boue. Au début de cette aventure, Lévis avait rencontré Catherine Desrosiers, la directrice de l'Association Emmanuel et mon conjoint l'avait beaucoup appréciée. Sylvain Delorme nous disait toujours qu'il était le porte-parole de l'association et il était le responsable des activités de collectes de fonds. Autrement dit, il nous éloignait de Mme Desrosiers. Par ailleurs, Delorme se prétendait chanteur et il voulait se servir de ce tremplin pour se faire connaître du public. Delorme n'avait pas de talent de chanteur et Lévis et moi devenions de plus en plus suspicieux à son endroit. C'est alors que nous avons convoqué une réunion d'urgence avec la directrice de l'association. Mme Desrosiers a tout de suite confirmé nos appréhensions à savoir que ce sinistre personnage n'était pas des plus honnêtes et qu'il fallait nous en méfier, mais nous avions tout de même voulu aller de l'avant avec ce projet pour contribuer à la noble cause des enfants. Delorme, qui était coiffeur de métier, était un autre magouilleur. Il avait abusé de notre confiance et de notre générosité. Nous avions donné notre temps, tout le monde avait travaillé à l'unisson dans cet esprit-là, pour une bonne cause, celle d'enfants différents, mais nous avions été floués par un triste personnage qui doit certainement continuer, aujourd'hui, à abuser de la confiance des gens.

La boutique NathalieÈve, que j'avais mis sur pied quelques mois auparavant, avait investi 30 000 $ dans ce projet, mais Delorme, qui était l'un des responsables de la vente des billets, n'a jamais remis les recettes de ses ventes. Le spectacle a été une réussite, mais pas la collecte de fonds. Cet échec a occasionné la fermeture de ma boutique. Lévis, Catherine Desrosiers, la collègue coiffeuse du malfaiteur et moi avons déposé une plainte à la police, mais les deux enquêteurs trouvaient que la cause était trop compliquée, puisqu'il leur aurait fallu trouver tous les gens qui s'étaient procuré des billets auprès de lui. J'avais encore prouvé ma naïveté, mais au moins, j'avais cerné ses mauvaises intentions. Il y avait du progrès. Les médias pouvaient me reprocher de m'être encore mal entourée, mais pas d'être malhonnête. Comment René, Régis, mon neveu François, ma fille Ève et moi aurions pu nous associer pour escroquer une fondation à but non lucratif ? Ça dépassait l'entendement ! Pourquoi certains médias jouaient encore cette carte ? Sur le site même de l'Association Emmanuel, la directrice de l'organisme nous lavait de tout soupçon. Que de mauvaise foi certains journalistes faisaient preuve ! Des gens nous avaient contactés pour nous dire qu'ils étaient prêts à témoigner en notre faveur, parce qu'ils avaient été eux-mêmes floués par ce sinistre individu. Malgré tout, le mal était fait et la mauvaise presse a eu raison de ma boutique.

En 2012, Lévis a voulu réaliser un rêve que je caressais depuis longtemps : l'ouverture d'un grand bazar où l'on vendrait un peu de tout, à bas prix. C'était l'occasion rêvée pour Lévis de mettre en valeur ses talents de vendeur. L'idée d'un bazar me plaisait énormément, car il s'agit de l'endroit idéal pour les gens moins fortunés d'acquérir, à moindre coût, toutes sortes d'objets, de meubles et de vêtements dont ils ont besoin. Durant les fins de semaine, en soirée, j'offrirais des spectacles, tandis que le jour, nous organiserions des activités pour les enfants. J'aurais deux casquettes, l'une comme artiste et l'autre comme vendeuse, mais ce changement de décor et de vocation n'était pas contradictoire avec mes expériences passées.

Le seul hic, c'est que nous étions réellement sans ressources pour lancer notre projet. Lévis avait entendu parler d'un homme d'affaires qui avait un immense bâtiment à vendre, avec ses dépendances et terrains. Il s'agissait d'une ancienne usine de tapis de deux cent vingt-cinq mille pieds carrés, qu'il nous fallait rénover au grand complet. Elle était située dans un petit village près de Drum- mondville, à Wickham, au cœur du Québec. L'idée nous plaisait et valait la peine d'être examinée.

Lévis emprunta vingt dollars à un ami pour mettre de l'essence dans son auto et il partit visiter les lieux et rencontrer les propriétaires. L'empla- cement était à nous pour 2,7 M $, mais les pro- priétaires des lieux étaient prêts à nous financer moyennant un acompte de 250 000 $. Avec l'aide de partenaires d'affaires, dont le frère de Lévis, nous avons réussi à obtenir le financement néces- saire pour mettre en marche notre projet. Ce qui n'est pas rien. Lévis et moi allions nous occuper de l'aménagement des lieux et de l'animation, tandis que les autres partenaires verraient à la gestion de l'entreprise.

Se lancer dans une telle aventure procure un taux d'adrénaline assez élevé, mais comme nous en avions déjà fait l'expérience, nous n'avions aucune crainte. L'ambiance était des plus excitante et nous étions remplis d'espoir. Nous nous sommes rapidement retroussé les manches et avons entrepris, sans plus attendre, de réaménager les locaux de fond en comble. Il fallait enlever toute la machinerie lourde, ce qui n'était pas une mince affaire. On aurait dit que Lévis était réellement dans son élément. La rénovation n'avait rien d'un passe-temps. Il avait la tête dans les nuages, mais les deux pieds bien sur terre. Avoir à ses côtés un homme de cette trempe représentait pour moi une immense richesse.

Il lui fallait démonter le gros outillage, pièce par pièce. Puis, il allait revendre le métal ainsi récupéré au plus offrant. Il y en avait des tonnes et des tonnes. Cela représentait une somme d'argent non négligeable. Nous devions tout calculer, au sou près, c'était vital, et nous ne pouvions nous permettre une fausse manœuvre ou des dépenses extravagantes, ce qui aurait mis en péril notre projet de marché aux puces. Nous avons travaillé jour et nuit. Tout le monde a mis la main à la pâte : Lévis, son fils Frédéric, ma fille Ève et de nombreux ouvriers que Lévis avait recrutés. Moi, je m'occupais de préparer les repas et de nourrir toute la joyeuse bande, tandis qu'Ève participait aux corvées de nettoyage. Petit à petit, le projet prenait forme, notre rêve devenait réalité.

Ce marché aux puces était un mégaprojet de sept millions de dollars et il allait donner du travail à plus de cinq cents personnes. Tout le monde baignait dans l'enthousiasme d'une nouvelle naissance attendue, surtout les gens de Wickham qui appréciaient les efforts que nous faisions pour redonner vie à leur village, quelque peu à l'abandon depuis la fermeture de l'usine Beaulieu Canada. Au bout d'une dizaine de mois, le 29 novembre, le Grand Marché a ouvert ses portes, avec la participation d'une centaine de commerçants venus de tous les horizons. L'espace était vraiment immense et s'étendait sur plus d'un kilomètre. À l'intérieur de nos installations, nous avions aménagé des avenues pour que la foule puisse circuler aisément.

Plus de cinquante mille personnes vinrent nous visiter pendant la première semaine et presque autant au cours des semaines qui suivirent. Nous avions fait notre publicité en disant qu'ici, les gens allaient trouver « du bonheur en famille », et c'était tout à fait réussi. Du bonheur, il y en avait pour tous les membres de la famille, pour tous les budgets et pour tous les goûts : des produits du terroir, des meubles, des bijoux et des parfums, des instruments de musique, une boutique médiévale, des vêtements, des jouets, etc. On pouvait même manger sur place dans deux restaurants, dont un de restauration rapide. Il y avait aussi une aire de jeux pour les enfants, avec une mini-ferme et des jeux gonflables gratuits. J'ai vraiment cru que nos mauvaises années étaient enfin derrière nous et que le bonheur était dans le pré de Wickham. Les gens nous manifestaient leur appui en disant qu'ils venaient enfin au «vrai village de Nathalie». Je n'avais pas abandonné pour autant mes goûts pour la musique. Mon frère Régis et son *band* venaient nous prêter main-forte et s'occupaient de l'animation musicale. J'en profitais pour chanter en compagnie de ma fille.

Le frère de Lévis, Michel, un policier en arrêt de travail, vivait un drame personnel avec la mort de sa fille de 13 ans emportée subitement par la maladie mangeuse de chair. Lévis et moi étions très sensibles à l'épreuve que Michel devait traverser. Mes frères Régis et Jean-Roger avaient composé une chanson intitulée *Alexandra* en hommage à la disparue et j'en faisais l'interprétation.

Lévis avait déjà fait ses preuves et il pouvait très bien s'occuper de l'aménagement des kiosques et des espaces de vente, sans la nécessité de faire appel à de l'aide extérieure. Quant à moi, grâce à ma notoriété, je multipliais les entrevues dans les stations de radio locales et ça fonctionnait. Cela ne coûtait pas un sou, mais représentait des milliers de dollars en publicité indirecte.

Ça ne me gênait nullement de faire une telle publicité pour un projet que j'avais à cœur, même si c'était loin de mes préoccupations artistiques et de l'image traditionnelle de Nathalie Simard. L'important, c'était que mon public soit présent et il l'était. La foule était au rendez-vous, de vingt à trente mille personnes venaient s'y promener toutes les fins de semaine, ce qui était un véritable exploit. À l'heure des spectacles, une foule compacte s'agglutinait devant la salle où nous nous produisions, et plus personne ne pouvait circuler. J'organisais, à l'occasion, des « samedis soirs dans ma bulle » où j'emmenais les gens dans mon univers particulier, en interprétant mes chansons les plus connues et de nouvelles chansons à la mode du jour. Certains commerçants se plaignaient de ce trop grand achalandage, car, disaient-ils, il n'y en avait que pour moi. Néanmoins, tout le monde y trouvait son compte et tous se réjouissaient de voir tant de personnes rassemblées au marché aux puces. Le soir venu, nous étions fourbus mais personne ne s'en plaignait.

Les choses ont vraiment commencé à mal tourner au Grand Marché, quelques mois après son ouverture. Nous étions six associés et comme Lévis et moi n'avions pas investi d'argent dans le projet, les autres associés nous ont mis peu à peu à l'écart de l'administration et un jour, ils nous ont fait une offre pour qu'on se retire de l'entreprise. Lévis et moi étions consternés, parce que nous étions le cœur et le poumon du Grand Marché de Wickham. À la suite de notre départ, le bazar s'est mis à péricliter et a fermé ses portes après quelques mois d'activités. La mort de sa fille, la séparation d'avec sa femme et cet échec financier ont été fatals pour Michel, le frère de Lévis, qui s'est suicidé. Mon conjoint a été très bouleversé par cette triste nouvelle.

La Cabane chez Nathalie.
Photo : Daniel Cyr

Mon amour pour les chevaux.
Photo : Daniel Cyr

Ma plus belle réussite : ma fille Ève.

Photo : Daniel Cyr

Le public au rendez-vous.
Photo : Daniel Cyr

Une belle chimie entre nous : mon frère Régis et moi.
Photo : Daniel Cyr

L'auteur-compositeur de mon prochain album, *Nouvelle Lune*. Réjean Audet et moi.

Photo : Daniel Cyr

Réjean Audet en studio.
Photo : Daniel Cyr

Mon havre de paix à la pénombre.

Photo : Daniel Cyr

En harmonie avec les couleurs.
Photo : Daniel Cyr

Mon environnement.
Photo : Daniel Cyr

Mon mari, Lévis Guay et moi.
Photo : Daniel Cyr

Les chemins de ma liberté.
Photo : Daniel Cyr

Cinquième partie
LA LUMIÈRE AU BOUT DU TUNNEL

Mon frère Jean-Roger et ma belle-sœur Anne, toujours attentionnés, nous ont offert pour quelques mois leur chalet en bois rond en pleine forêt, dans la belle région de Mégantic. Il n'y avait pas d'électricité, il fallait transporter l'eau dans de grands bacs, c'était rustique, mais comme j'aime beaucoup la nature, c'était loin d'être l'enfer. J'ai retrouvé le sourire, parce que cet endroit paisible permettait à ma famille et à moi de se ressourcer. Ce contact direct avec la nature m'était bénéfique et me permettait de retrouver la paix et le silence. Le dépouillement et la simplicité me convenaient très bien.

Une bonne amie — il m'en restait encore quelques-unes — a accepté de nous héberger dans sa maison, à Drummondville en attendant que nous achetions notre propre demeure. Toujours aussi travaillant et déterminé, Lévis a mis sur pied une entreprise de déménagement de sièges sociaux. Avec quelques bons contrats en poche, nous nous sommes installés près du Grand Marché de Wickham, en banlieue de Drummondville, dans des locaux qui nous servaient à la fois de bureaux et de domicile. Cette histoire mérite d'être racontée.

Il nous fallait maintenant trouver un nom d'entreprise pour pouvoir opérer. C'est ainsi que Grattes-ciel entreprise est née. Les premiers déménagements s'effectuèrent sans anicroche. Puis sont venus des contrats plus lucratifs. Une connaissance avait vanté les mérites de notre entreprise à une multinationale. La compagnie, des plus satisfaite du résultat du premier contrat, décida de confier à Grattes-ciel entreprise ses futures opérations de déménagements. Comme cette entreprise était en pleine expansion et qu'elle ouvrait de nouveaux bureaux un peu partout, il semblait évident que Grattes-ciel entreprise allait avoir du pain sur la planche pour plusieurs années.

Nous avons déménagé pour nous installer en banlieue de Drummondville, dans le quartier industriel, où Lévis a emménagé ses bureaux et notre nouveau chez-nous. Nous étions sur un nouveau départ. La poisse nous avait quitté. Nous étions positifs et nous attirions le positif. C'est vrai que j'ai longtemps attiré le malheur, mais ce temps était révolu. J'ai fait des erreurs et des mauvais choix. J'étais mal préparée à la vie. Aujourd'hui, à 45 ans, j'avais combattu tous les démons et j'étais prête à tourner la page et à mordre à pleines dents dans une nouvelle vie faite de bonheur, d'amour et de réussites. Ce qui ne nous tue pas nous rend plus fort, comme disait le philosophe Nietszche.

***

Puis est arrivé ce projet de nouvel album. J'ai rencontré par hasard Réjean Audet, mieux connu sous le nom du Fou du roi, alors qu'il chantait dans un resto-pub de la ville de Sherbrooke. Même s'il donne l'impression d'être un jeunot, Réjean exerce ce métier depuis vingt-cinq ans. Aussitôt, j'ai été séduite par sa voix, son style, les musiques et son vaste répertoire de chansons. Je suis donc allée à sa rencontre pour en savoir davantage sur lui et c'est ainsi qu'est né, au fil des conversations, le projet d'un nouvel album. Nous avons décidé de nous rencontrer au fur et à mesure qu'il aurait des chansons à me proposer, mais sans engagement de ma part.

J'avais d'abord pensé qu'il pourrait chanter quelques chansons de son répertoire lors des conférences que je donnais à gauche et à droite. L'univers de la chanson m'habitait toujours, je n'en démordais pas, même si le milieu m'avait mise au ban. Réjean se souvenait bien de moi et surtout de la célèbre chanson thème du film *La guerre des tuques* de Roch Demers que j'avais chantée, *L'amour a pris son temps.*

Après un certain temps, Réjean a commencé à m'appeler pour me dire que son projet avançait, que bientôt il aurait des chansons à me proposer, avec des textes écrits sur mesure, juste pour moi. J'étais flattée, mais je ne me sentais pas prête. Un jour, comme il insistait, j'ai accepté sa proposition et il est venu chez moi pour me faire entendre quelques-unes de ses compositions. Je me disais que je n'aurais qu'à les écouter et que si ça ne m'intéressait pas, je lui dirais au revoir et cela s'arrêterait là, sans plus.

À mon grand étonnement, ses chansons m'emballèrent et même, me secouèrent. Dès les premières paroles d'une chanson, j'ai éclaté en larmes. Il avait vraiment un don pour saisir mes états d'âme. Un ange venait d'entrer dans ma vie. C'était la première fois que cela se produisait.

Cette fois-ci, c'était totalement autre chose. On aurait dit que Réjean avait pris possession de mon corps et de mon âme pour les traduire en chanson et en musique. Pourtant, je ne désirais plus chanter, je me disais que peut-être, un jour, je recommence-rais, mais je n'entrevoyais pas cette possibilité à court terme. Mais en quelques phrases, Réjean m'avait fait changer d'idée. Il m'a offert le plus beau cadeau qui soit : retomber en amour avec la musique.

C'était sans doute la pièce du casse-tête qui man-quait à mon bonheur naissant. Le projet venait de franchir une nouvelle étape et j'étais en confiance. Mais je n'étais pas pressée, je ne voulais rien brus-quer et je voulais prendre le temps de bien faire les choses, sans pression, sans stress. La plus grande pression, c'est celle qu'on se met soi-même sur les épaules.

Avec mon frère Régis et Réjean, qui s'y connaissent en musique, nous avons donc décidé d'enregistrer un démo de chansons originales que j'irai présenter, en souhaitant qu'il plaise à quelqu'un. Viendra ensuite l'étape de l'enregistrement en studio. Mais j'ai confiance. Les paroles que Réjean a composées pour moi me collent à la peau. Maintenant que j'ai abandonné toute thérapie et tout traitement contre la dépression, je me sens beaucoup mieux et je suis en pleine possession de mes moyens.

Tout se fera en temps et lieu, sans rien brusquer. Cette reprise de possession de moi-même est une nouvelle aventure. J'ai appris à être patiente et à écouter ma petite voix intérieure. Je me respecte, je me mets en priorité, je m'écoute. C'est ainsi que je prends ma place au centre de ce nouvel univers, entouré par la nature. J'ai travaillé fort pour y arriver, pour trouver cette paix intérieure qui m'a tant fait défaut auparavant. C'est pourquoi je suis prête à travailler fort pour l'entretenir et pour qu'elle grandisse. Ma tête et mon cœur sont maintenant sur la même longueur d'onde.

***

Plus récemment, nous avons fait l'acquisition d'une cabane à sucre située sur un grand domaine, dans la Mauricie, près de Shawinigan, à Saint-Mathieu-du-Parc plus précisément. Nous avons découvert cette aubaine sur Internet, tout à fait par hasard. Le lendemain, Lévis partait pour visiter l'endroit. Avec lui, il faut toujours battre le fer pendant qu'il est chaud, les choses ne traînent jamais. Lorsqu'il est revenu, il m'a aussitôt dit qu'il venait de découvrir l'endroit de rêve, où nous nous sentirions vraiment chez nous.

Je suis alors allée à mon tour la visiter. Cette cabane à sucre est très bien installée, au milieu d'une érablière de près de cent acres. Elle avait seulement besoin d'être retapée. Elle était complètement équipée et fonctionnelle, avec un permis d'alcool. Sa salle à manger peut accueillir quelque cinq cents personnes. Elle possède tout l'équipement moderne pour bouillir l'eau provenant des 2 000 érables. Il y avait même les couverts et les serviettes de table ! Nous n'avons pas hésité très longtemps et nous avons fait une offre d'achat qui a été acceptée. Quelques semaines plus tard, nous déménagions. Nous étions devenus des experts en déménagement, à tel point que même la préposée de la Société de l'assurance automobile du Québec n'était plus surprise de nos changements d'adresse.

J'ai connu beaucoup d'instabilité dans ma vie, avec des projets qui ne se concrétisaient jamais comme je le voulais, mais cette fois-ci, je crois que le pire est derrière nous et que le temps des montagnes russes est terminé. Mon karma ne ment pas. J'aime croire, comme le dit la chanson de Jacques Michel, qu'« un nouveau jour va se lever ». Ce projet est arrivé à point dans ma vie. La Cabane chez Nathalie — qui s'appelait auparavant Hill — est entrée en activité début 2015.

L'inauguration a eu lieu le 14 février, lors de la fête des amoureux et la fin de semaine d'ouverture a été un énorme succès. Nous avons reçu 700 personnes et malgré quelques petits ajustements, les gens étaient touchés et ravis par ce magnifique projet de cœur. Lévis et moi souhaitions créer un lieu convivial, qui respecterait l'esprit familial et les traditions. Nous avons aménagé une petite salle où nous organiserons des spectacles. J'y chanterai à l'occasion de soupers-spectacles, les fins de semaine, avec mon frère Régis, qui va s'occuper de l'animation. Régis a chanté dans les bars toute sa vie, il s'y connaît donc en animation. Nous allons poursuivre la tradition dans laquelle nous avons baigné à l'Île d'Orléans.

Nous avons acheté deux chevaux, des juments de trait belges, Cindy et Marlyne, qui me rappellent ma maison de Granby où j'avais trois chevaux d'équitation. Ces deux chevaux ont été attelés à une carriole et les enfants accompagnés de leurs parents pourront faire des tours dans le bois. C'est Ève qui va s'occuper de cette activité. Elle adore les chevaux et elle a fait de l'équitation depuis qu'elle est toute petite. D'ailleurs, depuis que les chevaux font maintenant partie de notre quotidien, Ève a changé radicalement, elle se sent responsable et elle est prête à affronter ce qu'il reste de l'hiver à soigner ses deux « filles » et à balader les enfants dans le traîneau attelé aux chevaux. Elle est comblée, tout comme moi. Elle réalise un vieux rêve, à mes côtés. Rien ne peut nous séparer.

L'annonce de l'ouverture de cette cabane à sucre a créé une petite commotion dans la région. Tout le monde est excité et les réservations se multiplient. Ce sera vraiment un beau printemps. Vivre au milieu de la nature, loin des bruits et des rumeurs de la ville, m'enchante et me calme. Je me sens revivre. Je retrouve mes origines de l'Île d'Orléans.

Ma dépression est maintenant loin derrière moi. Au printemps, je pourrai avoir un petit jardin où je ferai pousser des fleurs et des fines herbes. Nous allons aménager une fermette, avec de petits animaux. Ève s'en occupera car elle adore les animaux, tout comme moi.

Tous les produits que nous offrons proviennent de la région. C'est important pour Lévis et moi d'encourager l'industrie locale. Cela vaut pour le pain, les saucisses, les fèves au lard, le ragoût de pattes, la soupe aux pois, les salades, les desserts que nous servons et ces produits sont concoctés par nos cuisiniers, Guylaine et Yves nos amours, que nous avons minutieusement choisis. Toute l'équipe de la Cabane chez Nathalie sont des passionnés et nous formons une famille. J'ai vécu beaucoup d'instabilité dans ma vie, mais ces temps sont révolus. Je me vois vivre ici encore très longtemps. J'aime les gens et j'aime recevoir, mais je peux aussi donner des spectacles et accueillir d'autres artistes pour qui j'ai beaucoup d'admiration. Bref, c'est un endroit où je peux vraiment m'accomplir et m'épanouir.

SIXIÈME PARTIE
QUELQUES MOTS SUR LE LÂCHER-PRISE, LA RÉSILIENCE, LES ENFANTS...

J'ai découvert la résilience, un mot, je sais, qu'on utilise beaucoup aujourd'hui à toutes les sauces. Dans mon cas, je n'ai pas peur de dire que j'ai réussi à surpasser mon traumatisme en jetant à la poubelle tous les résidus négatifs de mon enfance qui polluaient ma vie et qui m'empêchaient de croire en quelque chose de meilleur. Je me suis forgé une nouvelle identité. On pourrait même dire que je me suis forgé une identité, point final, car celle que j'avais auparavant ne m'appartenait pas. J'ai appris à aimer, aussi bien ma fille que Lévis. Deux amours totalement différents.

J'ai aussi perdu ma naïveté qui m'a causé tant de problèmes. Je ne peux plus me permettre d'être naïve et d'être bonne, voire bonasse, avec tout le monde. Cela a été trop coûteux, financièrement et moralement. Je me suis maintenant fait une carapace et je serai désormais méfiante, afin de me protéger contre les indésirables qui apparaissent de temps en temps dans mon champ de vision.

Ce cheminement de reconquête a duré plusieurs années. J'ai dû faire un gros ménage en moi et autour de moi, mais tous ces efforts ont été bénéfiques. De toute façon, je ne suis plus pressée, car j'ai découvert les vertus de la patience. J'ai maintenant confiance en moi. Il me reste encore à cheminer, et cela viendra en son temps. Je pense maintenant positivement, en fonction du moment présent, un jour à la fois. Mon père répétait toujours : « Il faut vivre au jour le jour, mais il faut planifier un petit peu. » Il avait tellement raison.

Maintenant, je peux apprécier chaque instant de la vie. À quarante-cinq ans, je prends désormais le temps de vivre et j'écoute ma petite voix intérieure. J'ai appris ce que signifiait lâcher prise. Pour cela, il fallait que j'identifie mes problèmes, mes ennemis, mes désirs, mes combats. Que je fasse la paix avec moi-même. Découvrir mes vraies valeurs, trouver l'appétit dans la vie qui m'entoure. Passer du statut de victime à celui d'organisatrice de mon présent, sans que personne vienne s'interposer pour me dicter une ligne de conduite. Ce sont mes premiers pas sur les chemins de la liberté. Et ces premiers pas s'effectuent alors que je suis bien entourée, avec ma fille, mon mari Lévis, mon frère Régis et ma belle-sœur Lili. Ces personnes ont connu et vécu avec moi mes hauts et mes bas au cours des dix dernières années. Ils m'ont vu souffrir, au bord du gouffre, et maintenant ils me voient radieuse et confiante, avec plein de projets devant moi.

Maintenant, je peux rebondir et prendre ma vie en main sans laisser le passé torpiller mes projets d'avenir. Tout cela est nouveau pour moi. Cet apprentissage est long mais nécessaire. Et je le mérite amplement, il me semble. Le plus important, c'est que je suis en santé. J'ai repris le dessus, psychologiquement et physiquement. J'ai découvert la joie toute simple de vivre le moment présent. Je me suis reconstruit une nouvelle vie sur un champ de ruines. Je viens de loin, de très loin. Je réussis enfin à mettre un pas devant l'autre, sans que personne me tienne la main, sauf mes anges gardiens, ceux que j'ai choisis en toute liberté, en toute autonomie.

Je suis une femme en recomposition. Quand les épreuves sont vécues par une personne publique, comme dans mon cas, elles sont des plus difficiles à vivre, encore plus si on est une femme. J'ai toutefois réussi à passer à travers cette pénible expérience, en me relevant chaque fois que je tombais. Ce fut un véritable chemin de croix.

J'ai maintenant la force d'esprit pour survivre. J'ai suffisamment d'amour pour ma fille, suffisamment d'amour pour mon mari et suffisamment d'amour pour moi-même. Nous sommes encore et toujours présents, sur terre, tous les trois, et nous nous tenons par la main, par amour et par solidarité. Cette survie, je la dois aussi à l'amour qu'on a eu pour moi. Je n'oublie jamais que mon public a su m'estimer, et il m'a comblée. Il a toujours été fidèle au rendez-vous et il m'a toujours soutenu avec amour, empathie et douceur.

Toutes ces allégations ont tout de même contribué à me forger une carapace. Quand je pense à tout ce qu'on a raconté sur moi, à tous les ragots qu'on s'amusait à répandre pour me discréditer, pour me faire trébucher, je n'en reviens pas de voir où j'en suis rendue aujourd'hui et d'avoir enfin découvert le bonheur. Je suis devenue gourmande de bonheur, totalement insatiable. La spiritualité a certainement joué un rôle dans la réussite de ce bonheur. Une spiritualité sans Dieu ni gourou ; sans pape infaillible à mes côtés, mais avec de l'encens, des huiles essentielles, des massages, de la musique douce et un bon feu de bois. Avec la paix intérieure et la résilience pour atteindre un tel équilibre.

J'ai appris à lâcher prise, à me défaire de tout ce qui est négatif, de tout ce qui peut nuire à mon équilibre, de toutes ces pensées toxiques qui causaient mon malheur, ces chimères inatteignables. J'ai appris à me défaire également de ces contraintes artificielles qu'on m'a imposées. Hier encore, j'étais toujours malade. J'avais des extinctions de voix à répétition, je chantais toujours avec une boule dans la gorge, à cause de la peur, de la tristesse, du non-dit. J'étais renfermée et refermée sur moi-même. À partir du moment où je me suis mise à parler, à briser le silence, à devenir autonome, mes mille bobos ont disparu, petit à petit. Je me suis mise à l'écoute de mon corps pour la première fois de ma vie.

Plus on vieillit, plus on découvre que la vie est fragile. Il est donc important que je pense à moi, que je fasse attention aussi à ceux qui m'entourent, car ils ont quelque chose à voir avec mon mieux-être. Et avec ma guérison, la survivante que je suis a de nouveau le goût de chanter. Maintenant, je peux aimer, je peux m'affirmer et je fais le choix de chanter. Aujourd'hui, j'ai le pouvoir de choisir, de dire non et de m'affirmer. Je veux faire ce que j'aime. Choisir par moi-même. Grâce à mon expérience, grâce à tout ce que j'ai vécu, à travers toutes mes souffrances, je vais arriver à gérer aussi bien les problèmes que les succès.

Bien souvent, les contraintes, les blocages, les obstacles n'existent que dans notre tête, parce qu'on nous les a imposés, mais en réalité, ils n'existent pas. Les surpasser, c'est le début de la liberté. Il faut laisser les choses venir à soi, être patient avec la vie qui nous le rendra, le moment venu. Bref, devenir des êtres d'amour, ce que je n'ai jamais cessé d'être, finalement. Car aussi loin que je me souvienne, je n'ai jamais fait de tort à quelqu'un. L'honnêteté et la fidélité savent être récompensées.

À une certaine époque, je n'avais pas encore apprivoisé la solitude, comme dans la chanson si émouvante de Moustaki que je chantais souvent : « *Non, je ne suis jamais seul. Avec ma solitude...* » Apprendre à vivre seule est le plus beau cadeau qui soit, parce que la solitude nous permet de se rapprocher de soi-même et de se faire confiance.

Quand je parle de spiritualité, je veux surtout dire que je crois en la force de la nature. J'aime m'imaginer en synchronisme avec la nature et non pas en opposition avec elle. Nous ne faisons qu'une, elle et moi. Il n'y a rien de sorcier là-dedans. Je suis cette petite parcelle de vie qui affronte toutes les intempéries des quatre saisons et qui se relève après la tempête. Rien n'arrive pour rien et tout a sa raison d'être. Je vis le moment présent en profitant de tous les instants. Hier est terminé et demain n'existe pas encore.

Il y a aussi un livre qui m'a beaucoup aidée et accompagnée dans ma démarche personnelle. Il s'agit de *Les lois de l'esprit* de Dan Millman. Surnommé « le guerrier pacifique », Millman y raconte comment il a repris le contrôle de sa vie par l'écoute, le lâcher-prise, le partage et la célébration du moment présent. C'est ce que je tente de faire désormais.

S'il y a bien une chose dont je suis fière, c'est d'avoir beaucoup fait pour les enfants. J'ai passé une bonne partie de ma vie à chanter pour eux, à habiter leur imaginaire. Je sais que la vie d'un enfant, c'est important. Et, sans aucune prétention, je peux affirmer que je suis heureuse d'avoir contribué au bonheur de milliers d'enfants. Pas seulement avec ma dénonciation, mais avec les spectacles que j'ai donnés devant des foules d'enfants partout au Québec et qui ont contribué à leur épanouissement. J'ai reçu tellement de beaux témoignages de la part de mon public! Je sais que mon histoire a apporté beaucoup à la société et qu'elle a contribué à l'éveil de conscience de milliers de personnes.

Ce que j'ai fait pour les enfants du Québec, je l'ai aussi fait pour ma fille. Ma fille Ève, c'est toute ma vie. C'est elle qui m'a donné le courage de me tenir debout devant l'adversité.

Il faut être à l'écoute des enfants. Il faut leur témoigner notre admiration, les soutenir, les encourager. Leur dire que nous sommes fiers d'eux. Les enfants disent de grandes vérités et il faut savoir les écouter, car ils ont beaucoup à nous apprendre. Ils sont l'avenir.

Il y a aussi la présence des anges. Ça m'aide et ça me rassure d'imaginer qu'il y a des anges autour de moi qui m'accompagnent, qui me guident. J'aime les anges depuis mon plus jeune âge. À l'école primaire, on collectionnait les anges et j'avais un album rempli de visages d'anges. Entre filles, on se les échangeait. J'aime mieux savoir qu'il y a des anges qui m'accompagnent que des démons qui me mettent des bâtons dans les roues. Leur présence a un effet bénéfique.

Fini le temps où je mangeais mes émotions. Aujourd'hui, j'ai acquis une certaine confiance en moi. Je chante de plus en plus, je reprends goût à mon métier de chanteuse et je désire retourner sur scène. « *Changer de peau, trouver ma route, laisser tomber les masques, laissez-moi chanter ma vie, dans mes pleurs ou dans mes rires, laissez-moi dire qui je suis…* » Ce sont les paroles d'une chanson composée par Réjean Audet, que je m'apprête à enregistrer. Elles me collent à la peau et me vont comme un gant. Je veux d'autres chansons comme celle-ci.

Je veux, par ce livre, que toutes les personnes, qui traversent des moments difficiles, sachent qu'il y a de la lumière au bout du tunnel. Qu'il y a toujours à gagner, quand on croit que tout est perdu. Il faut se prendre en mains et croire. Garder la foi que tout est possible, car tout est possible.

Aujourd'hui, je suis une femme heureuse, je crois en la vie, je crois en l'amour. Et c'est le témoignage d'une femme déterminée que je veux partager avec ce livre, une femme qui a réussi à traverser des épreuves qui m'ont rendue aujourd'hui plus forte. Ma souffrance m'a transformée. Je suis désormais une femme libre, en pleine possession de ses moyens.

Malgré toutes les misères que j'ai vécues, je veux remercier la vie. C'est grâce à ces embûches que j'ai appris ce qu'est réellement la vie. Toutes ces années de souffrance m'ont permis de grandir et de devenir enfin une femme accomplie. Mon regard est maintenant tourné sur le moment présent et le bonheur que je me souhaite, que je nous souhaite et que je vous souhaite. Maintenant, enfin, je suis sur le chemin de ma liberté. Je vous aime.

REMERCIEMENTS

Tout d'abord, j'aimerais vous remercier chaleureusement, cher public, d'avoir été toujours là pour me soutenir, m'encourager même pendant toutes ces années difficiles. Votre fidélité me touche au plus haut point. Trente-cinq ans d'amour entre nous ce n'est pas rien. Vous êtes mes anges gardiens.

J'aimerais aussi remercier mes amis proches de m'avoir soutenue et d'avoir été fidèles, je pense particulièrement à Conrad et Ginette.

Merci à mon amie Ginette Latulippe pour m'avoir aidée à écrire ce livre. Tu as été extraordinaire!

À toi, Jacques, qui a su m'écouter et me comprendre.

Merci, Daniel, pour tes belles photos, ce fut un bonheur!

Un merci tout spécial à la douce équipe des Éditions des Intouchables pour leur grand professionnalisme, leur soutien chaleureux et leur patience...

Érika, merci pour ton respect, ta compréhension et ta gentillesse sans égal.

À toi, Michel Brûlé, mon cher associé, mon ami depuis 10 ans, ce fut un plaisir de travailler avec toi. Tu as eu un respect et une patience hors du commun, tu as su me rassurer lors de mes moments de doute pendant l'écriture de ce livre. Merci de m'avoir donné l'opportunité de pouvoir expliquer à mon public toutes ces années d'injustices vécues. Les gens vont enfin pouvoir comprendre ce que j'ai traversé. Ce livre est par ailleurs devenu pour moi une véritable thérapie, une libération, alors, merci !

Merci à mon frère Régis d'être comme un papa pour moi, d'avoir toujours été là pour Ève, Lévis et moi. Ton appui a été précieux depuis ces derniers mois pour l'écriture de mon livre…

Un merci tout particulier à mon mari Lévis. Mon amour, je t'aime. C'est un privilège pour moi d'être à tes côtés, j'ai de la chance de t'avoir dans ma vie. Grâce à toi je me sens enfin femme !

Et finalement à toi, ma belle Ève. Je remercie la vie de t'avoir mise sur ma route. Par ta présence et ton amour, je suis arrivée à rester debout malgré toutes ces intempéries, grâce à toi je suis devenue une maman inébranlable ! N'oublie JAMAIS que « je serai toujours là pour toi ! ».

Merci aux anges et à l'univers de protéger ceux que j'aime.

Sincèrement,
Nathalie xxx

MARQUIS

Québec, Canada

RECYCLÉ
Papier fait à partir
de matériaux recyclés
FSC® C103567

Imprimé sur du papier Enviro 100% postconsommation
traité sans chlore, accrédité ÉcoLogo et fait à partir de biogaz.